LA JOURNÉE

DE

SEDAN

PAR

Le Général DUCROT

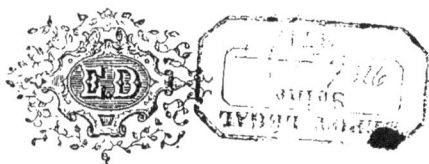

PARIS

E DENTU, LIBRAIRE-ÉDITEUR

PALAIS-ROYAL, 17-19, GALERIE D'ORLÉANS

—

1871

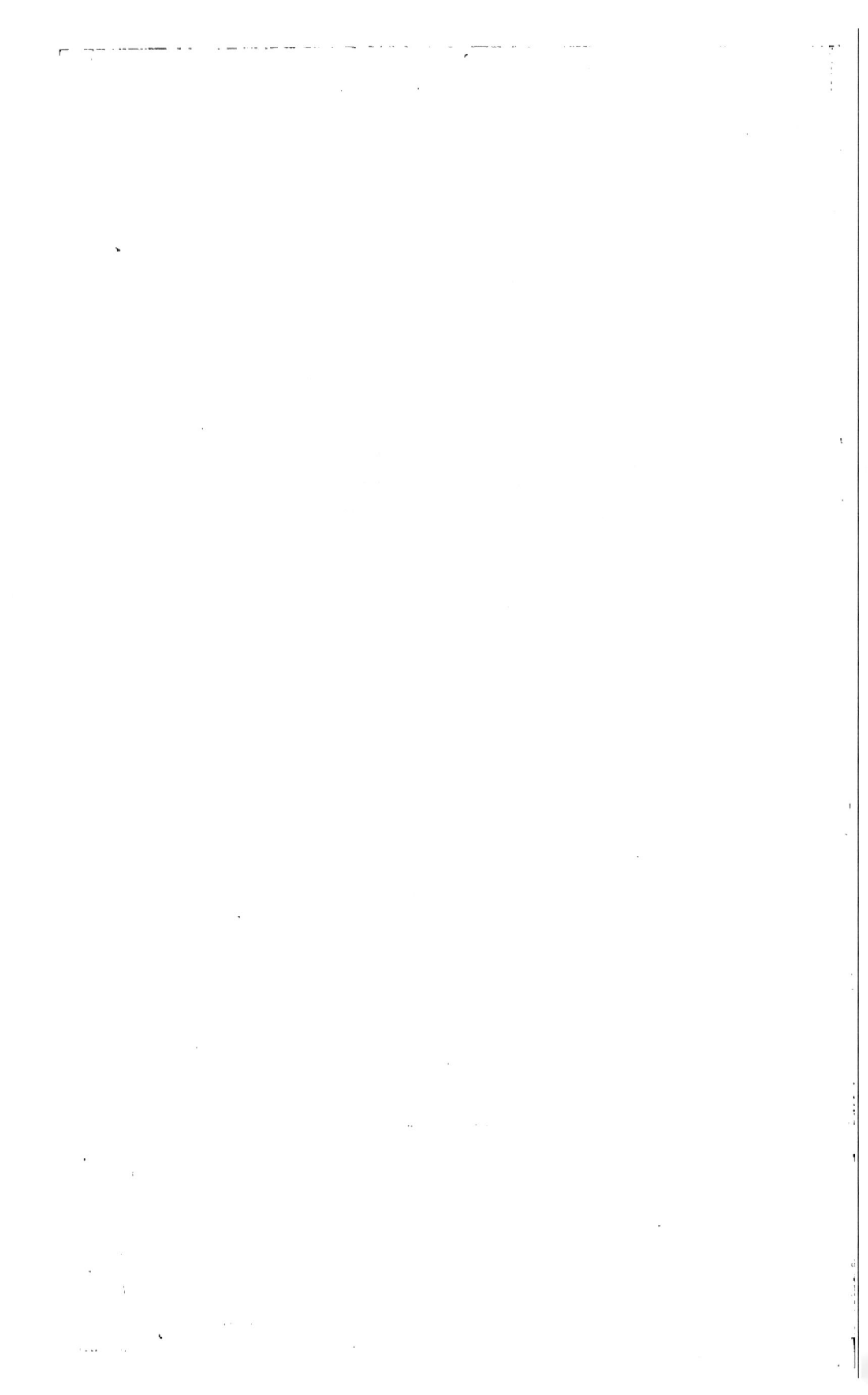

A MES CAMARADES

DU 1ᵉʳ CORPS DE L'ARMÉE DE CHALONS.

C'est à vous, chers compagnons d'arme, que je dédie ces lignes.

Pour me justifier des accusations portées contre moi, je ne veux d'autres juges que vous qui m'avez vu à l'œuvre.

Seuls, vous pouvez apprécier si j'ai manqué de prévoyance, de vigilance, de vigueur et de dévoûment.

Puisque l'on me force à sortir de la réserve que je m'étais imposée, puisque l'on m'oblige à parler, j'expose les faits tels qu'ils se sont accomplis sous vos yeux, abandonnant à votre loyauté et à votre honneur le soin de me défendre.

Le commandant en chef du 1ᵉʳ corps de l'armée de Chalons,
Général A. DUCROT.

Versailles, 18 septembre 1871.

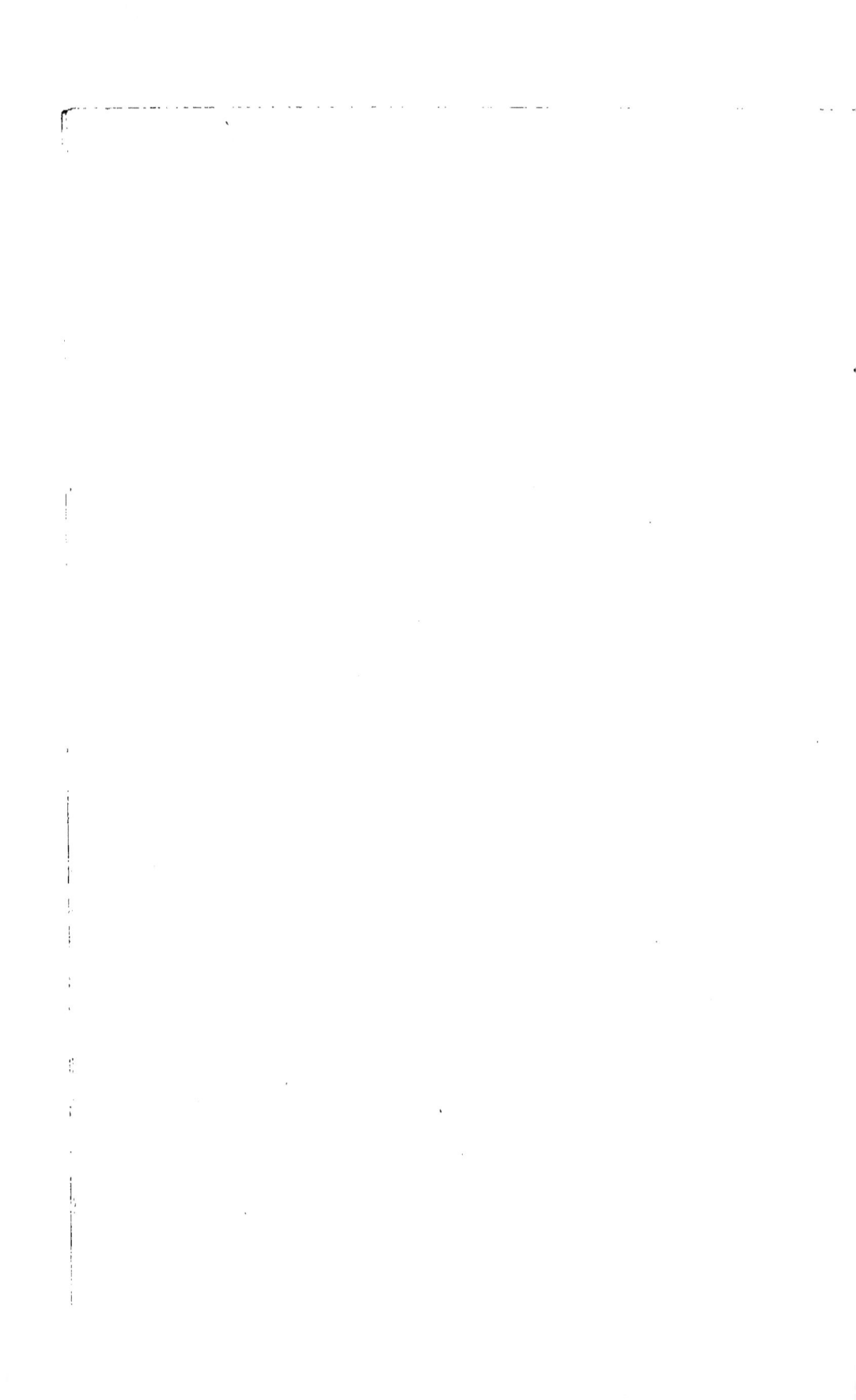

AVANT-PROPOS

Ecrire l'histoire au lendemain des événements est œuvre toujours difficile et plus nuisible qu'utile.

Trop de personnalités sont en scène pour ne pas redouter de les froisser ; trop de passions sont en jeu, pour ne pas craindre de les surexciter encore.

Aussi nous étions-nous abstenu jusqu'à ce jour de rien publier sur la guerre de 1870 et 1871 ; notre nom, mêlé à une ardente polémique qui eut lieu entre plusieurs officiers généraux, lors de leur captivité, n'avait pu nous faire rompre le silence.

Mais, aujourd'hui, un homme considérable par la position qu'il occupe dans l'armée vient de publier un gros volume dans lequel il lance contre nous les accusations les plus violentes et les plus injustes.

M. le général de Wimpffen nous accuse :

1° D'avoir manqué d'honnêteté en abusant de notre influence sur le général Trochu pour empêcher la publication de son rapport sur la bataille de Sedan (1)

2° D'avoir, par de fausses manœuvres, compromis le sort de la journée et préparé ainsi le fatal désastre de Sedan.

_____

(1) Voir la lettre du général Trochu, page 77.

3° D'avoir déserté le champ de bataille avant l'heure.

4° D'avoir refusé d'obéir aux ordres du général en chef, alors qu'il réclamait notre concours.

5° D'avoir engagé l'Empereur à arborer le drapeau parlementaire et à capituler.

Est-il possible de formuler contre un soldat, contre un général en chef, des accusations plus graves, plus odieuses!!!

Notre honneur, celui de nos enfants ne nous imposent-ils pas le devoir de répondre ?

Nous le faisons, non sans amertume, non sans douleur ! . . car ce différend est encore une honte à ajouter à toutes les hontes qui nous accablent. . .

Mais nous le demandons au pays, à l'armée. . . était-il permis de garder le silence ?. . .

— Que la responsabilité de cette déplorable polémique retombe donc sur celui qui l'a provoquée. . . comme l'a dit le général de Wimpffen, *suum cuique.*

— Nos camarades de l'armée, infortunés acteurs de ce terrible drame, ont maintenant les éléments de l'accusation et de la défense. . .

Qu'ils se prononcent. . . leur jugement préparera celui de l'histoire.

Général A. Ducrot.

Versailles, 18 septembre 1871.

JOURNÉE DE SEDAN

Après le grave échec du 5ᵉ corps à Beaumont et à Mouzon, le général Ducrot, commandant le 1ᵉʳ corps, reçut l'ordre du maréchal de Mac-Mahon de protéger la retraite de l'armée, soit par Douzy, soit par Carignan :

« Je ne peux, avait ajouté le maréchal au capitaine » Bossan, aide de camp du général Ducrot, je ne peux » savoir encore ce que je ferai. Dans tous les cas, » que l'Empereur parte au plus vite pour Sedan. »

Le général Ducrot avait donc deux points à occuper : Douzy et Carignan.

Si l'on opérait la retraite par Carignan pour gagner Montmédy par Margut, l'armée n'avait pour manœuvrer qu'une étroite bande de terrain limitée au Nord

Hypothèse d'une retraite sur Montmédy.

par la frontière, au Sud par le Chiers, et large de 3 à 5 kilomètres au plus ; notre flanc droit, insuffisamment protégé par la rivière, était très-vulnérable.

Déjà fortement ébranlés par les défaites de Beaumont et Mouzon, toujours canonnés, suivis pas à pas par un ennemi formidable que le succès avait rendu audacieux, il eût été dangereux de nous entasser dans un aussi petit espace.

Parvenions-nous à gagner Montmédy et Longwy ? Ces petites places ne pouvaient ni nous approvisionner ni nous défendre, et plus que jamais nous étions acculés à la frontière.

· Poursuivions-nous notre course ? Épuisés, démoralisés, nous nous heurtions aux 200,000 hommes du prince Frédéric-Charles qui venait de réoccuper les positions vaillamment conquises par l'armée de Metz dans la soirée du 31 août.

Les combats d'arrière-garde, les marches forcées, le manque d'approvisionnements assurés nous auraient réduits à 50 ou 60,000 hommes. Que serions-nous devenus, pressés entre les 200,000 hommes du prince Frédéric-Charles et les 250,000 du prince royal ?

Tel aurait été sans doute le résultat d'une retraite par Carignan sur Montmédy.

Hypothèse d'une retraite sur Mézières. L'armée se retire-t-elle par Douzy, Givonne, Illy et Saint-Menges sur Mézières ·ou par Fleigneux et Bosséval sur Rocroy ? Entre la frontière et la Meuse, l'espace suffisamment étendu permet de s'écouler sans trop d'encombrement (la partie la plus resserrée de cette bande de territoire est de 5 kilomètres entre la presqu'île d'Iges et la frontière du bois du Grand Canton).

On ne saurait objecter la difficulté de passer sous bois; les chemins y sont nombreux et généralement bons; du reste les obstacles naturels sont les mêmes du côté de Carignan.

Au lieu d'être à peine protégé par la petite rivière du Chiers, on est solidement flanqué à gauche par le gros cours d'eau de la Meuse. Les ponts de Douzy sur le Chiers, de Bazeilles, de Donchery et de Villers sur la Meuse une fois détruits, on est assuré d'une grande avance sur l'ennemi.

A Mézières on peut s'approvisionner et l'on trouve le renfort des 30,000 hommes du corps Vinoy. Si l'on poursuit sa marche, au lieu de tomber dans un pays envahi et de s'exposer à être broyé entre deux armées, on reste en communication constante avec Paris, on gagne l'Ile de France, le Hainaut. Alors bien appuyé sur nos places fortes du Nord que l'inextricable réseau de nos canaux rend toujours formidables, on peut faire volte-face et attendre.

L'ennemi eût-il osé s'engager entre la Seine et la Somme pour continuer sa poursuite? c'est peu probable; car à ce moment Paris se fortifiait et se créait une armée; Bazaine n'avait pas encore été entamé; Strasbourg tenait toujours. Dans tous les cas nous avions une excellente position défensive.

Tel aurait été sans doute le résultat d'une retraite vers le Nord par Douzy, Illy, Fleigneux, etc.

Il n'y avait donc pas à hésiter.

Aussi le général Ducrot se mit-il en mesure de protéger la retraite par Douzy.

Il envoie aux 1re et 3e divisions du 1er corps (Wolf et Lhériller) l'ordre de rester à Douzy, d'y revenir en toute hâte dans le cas où elles l'auraient dépassé, et de s'y établir solidement pour protéger la retraite de l'armée. Pour se conformer exactement aux ordres du maréchal, il établit ses deux autres divisions à Carignan, sur les hauteurs qui s'élèvent entre cette ville et Blagny.

Ces dispositions prises, le général accompagné de son aide de camp, le capitaine Bossan, se rend auprès de l'Empereur lui annoncer le nouvel échec de nos armes à Mouzon. L'Empereur ne voulait pas y croire ; il fit répéter plusieurs fois au capitaine Bossan le récit des événements dont il avait été témoin ; très-vivement ému, il dit à plusieurs reprises : « Mais c'est » impossible! nos positions étaient magnifiques! » Suivant l'ordre du maréchal, le général pria l'Empereur de se rendre à Sedan par le chemin de fer. Sa Majesté déclara qu'elle voulait être avec le corps qui couvrirait la retraite. Le général lui fit observer que sa présence ainsi que celle de sa suite augmentait beaucoup les difficultés déjà si grandes d'une marche rétrograde. L'Empereur revenait toujours à sa première idée, et malgré ses instances, le commandant du 1er corps n'ayant pu obtenir une réponse décisive, se retira. Ce ne fut que quelques heures après qu'il apprit que Sa Majesté s'était rendue à Sedan par le chemin de fer.

Pendant la nuit le général Ducrot ne reçut pas d'ordre, mais persuadé que la retraite se ferait par le Nord, il prit les mesures nécessaires pour faire filer les bagages et les services administratifs dans la direction de Givonne et d'Illy, et prescrivit à l'Intendance de préparer des vivres sur ce point; puis après avoir dicté l'ordre de marche pour le lendemain matin 31 août, il écrivit au général Margueritte qui était campé avec sa division de cavalerie en face de Blagny sur la rive gauche du Chiers, la lettre suivante :

Le général prend ses dispositions de marche. Lettre au général Margueritte.

« Mon cher Margueritte, les événements qui se
» sont passés dans la journée à Mouzon rendent
» notre situation très grave. Je n'ai pas d'ordre à
» vous donner (1), mais un simple conseil. Je vous
» trouve bien en l'air sur la rive gauche du Chiers,
» et je pense que vous feriez bien de repasser sur la
» rive droite pour venir camper de l'autre côté de Ca-
» rignan où il y a un emplacement convenable. Je
» compte partir demain matin pour me diriger sur
» Sedan, non par la route de la vallée qui ne me
» paraît pas sûre, vu le voisinage de l'ennemi , et
» qui est d'ailleurs fort encombrée de voitures et de
» bagages, mais par la route de la montagne qui
» passe par Osnes, Mézincourt, Pouru-au-Bois, Fran-
» cheval, Villers-Cernay, Givonne et Illy. Vous pour-
» rez marcher parallèlement à moi entre la grande
» route et la route de la montagne; d'après les ren-
» seignements que j'ai recueillis, le terrain est très-

(1) La division Margueritte ne faisait pas partie du 1er corps.

» praticable à votre cavalerie. Nous marcherons de
» concert, prêts à nous soutenir mutuellement et
» nous camperions ensemble à Illy où nous serions
» à peu près en sécurité et en situation de recevoir
» les ordres du maréchal.
» Votre bien affectionné.

» Général DUCROT. »

Le général Margueritte répondit :

» Mon général, je partage complétement vos ap-
» préciations sur la gravité de la situation. Je vais
» immédiatement suivre votre conseil et repasser
» sur la rive droite du Chiers pour aller prendre mon
» bivouac de l'autre côté de Carignan. Demain matin
» je suivrai l'itinéraire que vous m'indiquez pour me
» rendre à Illy et je me tiendrai à vos ordres. Croyez,
» etc.

» MARGUERITTE. »

N'ayant pas reçu d'ordre, le général Ducrot écrit au maréchal de Mac-Mahon.

Le lendemain matin 31 août, le commandant du 1er corps n'ayant reçu aucune nouvelle du grand quartier général prend ses dispositions de marche et écrit au maréchal commandant en chef :

« Monsieur le Maréchal, il est huit heures du ma-
» tin, je ne vois rien paraître sur la route de Mouzon
» à Carignan. J'en conclus que Votre Excellence a
» effectué sa retraite par Douzy. Je vais donc com-
» mencer mon mouvement, et comme la grande
» route de la vallée me paraît peu sûre, je vais pren-
» dre le chemin de la montagne par Osnes, Mézin-
» court, Pouru-au-Bois, Francheval, Villers-Cernay.

- 17 -

» Givonne et Illy. C'est là que je compte établir
» mon bivouac.

» Entièrement à vos ordres, j'ai l'honneur d'ê-
» tre, etc.

» DUCROT. »

En même temps le général faisait prévenir les 1er et
3e divisions restées à Douzy de se rabattre, une fois
l'armée écoulée, vers Francheval, où il viendrait leur
donner la main. Mais avant que cet ordre ne leur
parvînt, les généraux Wolf et Lhériller reçurent
du maréchal, à son passage à Douzy, l'ordre de se
rendre directement à Sedan.

Retraite du 1er corps.

Le mouvement de retraite commença à Carignan
par la 2e division, et fut suivi par la 4e. L'artillerie
marchait sur la route à hauteur des divisions, la cavalerie à gauche de la route de la montagne avec de
nombreux éclaireurs battant l'estrade. Par un simple
à gauche on se trouvait ainsi en bataille et par
échelons.

Pendant tout le temps de la route, l'ordre le plus
parfait ne cessa de régner.

Arrivé vers midi à Francheval, le général Ducrot
fut arrêté par les bagages et les parcs du 5e et du 12e
corps qui, canonnés à distance, s'étaient jetés à
droite sur les hauteurs.

On néglige de faire sauter les ponts sur la Meuse et sur le Chiers.

Dans la matinée, le 12e corps qui avait traversé le
Chiers à Douzy s'était porté sur Bazeilles et repoussait
les Bavarois qui tentaient le passage de la Meuse. Malheureusement le pont de Douzy abandonné d'après
l'ordre reçu n'avait pas été détruit, et l'ennemi le
franchit sans obstacle.

Le pont de Bazeilles, quoique repris par le 12ᵉ corps, ne fut pas rompu ; il en fut de même de celui de Donchery. Ces négligences devaient être cruellement expiées.

Le général Ducrot voyant des hauteurs de Francheval l'ennemi s'avancer par Douzy, prit ses dispositions pour le recevoir dans le cas où il tenterait une attaque, mais aucune démonstration offensive n'ayant eu lieu, il reprit dans le même ordre que précédemment sa marche sur Illy, en s'entourant de nouvelles précautions à l'arrière-garde.

Ordre du maréchal commandant en chef de revenir sur Sedan. Les colonnes du 1ᵉʳ corps débouchaient à hauteur de Villers-Cernay, lorsque l'ordre suivant fut remis au général par le lieutenant-colonel Broye, aide de camp du Maréchal : « Mon cher Général, je vous » avais fait donner l'ordre (1) de vous rendre de Carignan à Sedan et nullement à Mézières où je n'avais » pas l'intention d'aller. Ayant vu ce matin le général Wolf, je vous croyais à Sedan. A la réception » de la présente, je vous prie de prendre vos dispositions pour vous rabattre dans la soirée sur Sedan, » dans la partie Est. Vous viendrez vous placer à la » gauche du 12ᵉ corps, près de Bazeilles entre Balan » et Bazeilles. Envoyez-moi d'avance votre chef d'état-» major pour reconnaître cette position. Recevez, etc.

» MAC-MAHON. »

Sedan et ses environs. Petite ville de vingt mille âmes, Sedan est située

(1) Cet ordre n'est jamais parvenu au général commandant le 1ᵉʳ corps qui n'a reçu d'autres instructions du maréchal que celles rapportées dans la journée du 30 par le capitaine Bossan.

sur la rive droite de la Meuse ; le faubourg de Torcy la prolonge à l'Ouest. A l'Est, s'élève le Vieux-Camp, sur une hauteur (242 mètres) qui domine entièrement la vieille ville.

Si l'on jette un coup d'œil sur la campagne environnante, on voit de Remilly à Iges une longue vallée dont les points culminants sont sur le versant occidental, les hauteurs de Noyers, de Wadelincourt et d'Iges ; sur le versant oriental, les collines de la Petite-Moncelle, de Villers-Cernay, les hauteurs boisées de la Garenne, le calvaire d'Illy, les plateaux de Floing et de Saint-Menges. Au fond, serpente la Meuse, coulant dans une direction générale du Sud-Est au Nord-Ouest. Arrivé à Iges, le fleuve change brusquement de direction, court pendant 1,500 mètres de l'Est à l'Ouest, puis redescend brusquement au Sud, jusqu'aux environs de Donchery.

Ce méandre dessine la presqu'île d'Iges, qui s'avance en pointe vers les bois de la Falizette et du Grand-Canton, limite du territoire français.

Au Nord, s'élèvent des hauteurs boisées, à travers lesquelles court notre frontière, dans une direction générale de l'Ouest à l'Est.

En regardant la carte, on voit que la ligne de la frontière forme avec la vallée précédemment décrite, un vaste entonnoir, dont la partie étranglée se trouve entre la presqu'île d'Iges et le bois du Grand-Canton.

Une armée engagée dans cet espace et marchant vers le Nord (c'était, nous l'avons vu, la seule voie de salut) devait donc faire tous ses efforts pour doubler au plus vite la pointe d'Iges. C'était pour elle le véritable cap des Tempêtes; une fois franchi, on s'étendait, on respirait.

C'est pour ce motif que le général Ducrot, voulant en toute hâte gagner du terrain, se portait sur Illy. N'ayant jusqu'alors reçu aucun ordre, il comptait trouver tous les corps bivouaquant entre Illy, Floing, Saint-Menges et Fleigneux, admirable position d'où nous eussions été difficilement délogés. En tout cas, la retraite nous était assurée.

Que serait-il arrivé si l'armée s'était établie dans les positions d'Illy, Floing et Saint-Menges? Supposons que le 1er septembre au matin notre armée, laissant une brigade dans Sedan et au Vieux-Camp, se fût établie de la manière suivante :

La droite, sur les hauteurs de Floing et de Saint-Menges, dominant la grande route de Mézières par Vrigne-aux-Bois; la gauche à Illy et Fleigneux, dominant la haute vallée de la Givonne. Au centre et à notre droite l'artillerie de Sedan balayant tout le plateau de la Garenne, rendait toute attaque impossible de ce côté. Nous n'avions donc à redouter que les mouvements tournants par Vrigne-aux-Bois et par Givonne. Mais alors nous n'étions pas au centre de la circonférence décrite par l'ennemi. Nous étions sur la circonférence même; nous pouvions être attaqués sur nos flancs, mais non pris à revers, et nous n'avions affaire qu'à deux tronçons isolés, manœuvrant loin de leur centre et dans des positions désavantageuses.

En effet, l'extrême gauche ennemie, séparée du reste de l'armée par la Meuse et la presqu'île d'Iges, arrivait sous le feu des hauteurs de Saint-Menges.

où notre droite était établie et en parfaite communication avec le centre et la gauche de notre armée.

N'aurions-nous pas réussi à repousser cette fraction de l'aile gauche ennemie, chose assez improbable, vu notre supériorité numérique du moment, les bois qui se trouvaient derrière nous nous offraient non-seulement un abri, mais une voie de retraite assurée, grâce aux nombreux et excellents chemins vicinaux et forestiers qui les traversent.

La droite de l'armée ennemie, venant nous attaquer du côté d'Illy, était également loin de se trouver dans des conditions favorables.

Pour nous aborder à Illy et Fleigneux, elle était obligée, une fois la route de Bouillon franchie, de s'engager dans la gorge de la Haute-Givonne (Lamont et usine Chalamont). Séparée de son centre, que le canon de Sedan tenait immobile, forcée de nous présenter le flanc le long de la crête entre Illy et Givonne, exposée dans le ravin, qui est presque en ligne droite, à un feu d'enfilade, elle eût été repoussée très-probablement. En tout cas, ainsi que nous l'avons déjà dit, il nous restait les bois comme dernière voie de salut.

Telles étaient les chances possibles dans le cas où l'on aurait occupé la position d'Illy; mais rester à Sedan, c'était s'enfermer au centre de la circonférence que l'ennemi devait décrire, sans espoir possible d'en sortir si on la laissait se fermer entièrement.

Aussi fût-ce avec un véritable désespoir que le général, se conformant aux ordres du maréchal, rétrograda sur Sedan.

Le général Ducrot rétrograde sur Sedan.

« J'entrevoyais si bien le danger, dit-il dans une
» lettre adressée à un de ses amis, que je n'obéis
» qu'avec rage. »

La route de Givonne à Bazeilles étant horrible-
ment encombrée, les dernières troupes du 1ᵉʳ corps
n'arrivèrent qu'à onze heures et demie par une nuit
obscure. Très-inquiet, profondément anxieux, le général Ducrot, après avoir visité ses bivouacs, s'allon-
gea à terre près d'un feu du 1ᵉʳ zouaves et attendit le
jour.

Description
du champ de
bataille de Se-
dan.

Le champ de bataille sur lequel allait se décider le
sort de notre pays est compris entre le ruisseau de
Floing, la rive droite de la Meuse et le ruisseau de Givonne, sorte de vaste triangle rectangle dont le ravin
de Givonne représenterait l'hypothénuse. Situé à peu
près au milieu du côté formé par la Meuse, Sedan
est dominé par les collines qui séparent le Floing et
la Givonne. Ces hauteurs, sans être aussi escarpées
que celles qui se trouvent sur la rive gauche de la
Meuse, sont plus coupées, plus mouvementées. Leurs
sommets et leurs flancs sont couverts de bois, non
pas de forêts entières, mais de bouquets de 20 à 30
arpents avec des clairières gazonnées sur les pentes.

Le plus gros bois est celui de la Garenne; il occupe le point culminant (293 mètres) et court du Sud
au Nord.

Aux abords de la ville, les murs de clôture, les
jardins, les haies, un certain nombre de maisons qui
se relient à celles du Fond-de-Givonne, font de
cette partie au sud du Vieux-Camp un véritable dédale. Défendu par quelques troupes solides, il serait

très-difficile de s'en rendre maître; mais, par contre, que des corps repoussés et en désordre viennent y chercher un abri, il deviendra impossible de les rallier et de les reformer.

Les deux points culminants du champ de bataille sont situés, l'un directement au-dessus de Givonne (293 mètres) l'autre au calvaire d'Illy (276 mètres).

Du point coté 293 mètres, le terrain descend en pentes très-abruptes sur Givonne, Daigny et la Moncelle; il se relève de l'autre côté, se reliant par des pentes assez douces aux hauteurs de la Petite-Moncelle (233 mètres) d'où l'on domine entièrement la route de Bazeilles à Douzy.

Du calvaire d'Illy (276 mètres), le terrain va en s'abaissant sur Illy et Floing pour se relever par un mouvement de terrain assez accentué sur Fleigneux (264 mètres) et Saint-Menges (260 mètres).

Directement au-dessus de Sedan est situé le Vieux-Camp (262 mètres); il domine, au Sud, le Fond-de-Givonne et la Moncelle, au Nord-Ouest la hauteur de Cazal (215 mètres).

Dès quatre heures et demie du matin la fusillade retentit dans la direction de Bazeilles; les troupes prennent les armes par un brouillard intense; le jour se faisant peu à peu et le brouillard se dissipant, on peut distinguer leurs emplacements. *Disposition des corps au lever du jour.*

Le 12e corps (Lebrun), aile droite, occupe les villages de Balan, Bazeilles, la Moncelle, la Platinerie.

Le 7e corps (Douay), aile gauche, s'étend depuis Floing jusqu'à Illy.

Le 1er corps (Ducrot), centre, relie les deux ailes

par Givonne et Daigny. La division de Lartigue passe la Givonne à ce dernier village, et se porte en pointe, face au bois Chevalier.

Les débris du 5ᵉ en réserve occupent la ville et le Vieux-Camp.

Le général Ducrot reçoit le commandement en chef. Sa prompte résolution.

Le général Ducrot s'occupait à faire construire, au-dessus de Givonne, quelques épaulements pour protéger son artillerie, quand un officier de l'état-major général du maréchal, le commandant Riff, vint lui annoncer que le maréchal était blessé et lui remettait le commandement de l'armée. Peu d'instants après, la nouvelle lui était confirmée par le général Faure, chef d'état-major général de l'armée, qui venait se mettre à la disposition du nouveau général en chef avec son état-major (1). Le général Ducrot dit en recevant cette communication : « Il est bien tard; la » responsabilité est bien lourde. N'importe! nous la » supporterons avec résolution. »

Puis, se tournant vers ses officiers d'état-major, il ajouta :

« Il n'y a pas un instant à perdre. Il faut reprendre » notre plan d'hier. L'ennemi nous amuse sur notre » centre, pendant qu'il cherche à envelopper nos » ailes — c'est son éternel mouvement de Capri- » corne — cette fois, nous ne serons pas assez sots » pour nous y laisser prendre. »

___

(1) Le général de Wimpffen reproche amèrement au général Faure et aux officiers des états-majors général et particulier du maréchal de ne pas être venus lui offrir leurs services. La manière toute différente dont ils se sont comportés à notre égard donne lieu de supposer que le général de Wimpffen est mal servi par ses souvenirs.

Aussitôt il envoie prévenir les commandants de corps d'armée (1) que l'armée entière va se concentrer sur le plateau d'Illy.

Ordre est donné au général Forgeot, commandant l'artillerie de l'armée, de faire filer immédiatement tous les *impedimenta* de l'artillerie; les mêmes prescriptions sont données à l'intendance, relativement aux voitures de l'administration (2).

Il fallait se hâter; de moment en moment le danger grandissait. Si le général Ducrot avait eu encore quelques doutes sur la gravité de la situation, ce qu'il venait de voir les aurait dissipés.

Quelques minutes avant de recevoir l'ordre du maréchal, apporté par le commandant Riff, des hauteurs de Givonne il avait aperçu à travers la brume de grosses masses noires passant à près de 2 kilomètres, et allant, par rapport à lui, de droite à gauche. Il leur avait fait envoyer quelques paquets de mitraille. Les groupes s'étaient dispersés et avaient pris le pas de course en avant.

Dans le même moment, un paysan était venu lui remettre un billet du maire de Villers-Cernay, lui annonçant que, depuis le matin, de nombreuses troupes prussiennes passaient à Villers-Cernay et à Francheval. L'intention de l'ennemi était toute indiquée par cette direction; il voulait nous couper notre seule voie de retraite par Illy; nous allions être

(1) Pourquoi, à ce moment-là, le général Wimpffen n'a-t-il pas produit sa lettre de service et réclamé le commandement?

(2) C'est ce qui explique comment plusieurs voitures d'artillerie et des services administratifs sont arrivées à Rocroy et à Mézières.

— 22 —

enveloppés, si une décision rapide n'était pas prise.

« J'étais, écrivait quelques jours après le général » Ducrot à un de ses amis, tout à ces tristes ré- » flexions, quand on est venu m'annoncer que j'étais » nommé commandant en chef de l'armée. Je n'hé- » sitai pas un instant. Vainement mon chef d'état- » major, mon aide de camp, me firent-ils des ob- » servations, me disant que tout allait bien, que la » journée ne faisait que commencer, qu'on pouvait » attendre. — Attendre quoi ? leur répondis-je, que » nous soyons complétement enveloppés ? il n'y a » pas un instant à perdre. Exécutez mes ordres, » trève de réflexions (1). »

Et le général part au galop dans la direction du 12e corps pour voir si le général Lebrun se conformait à ses prescriptions.

Entretien en-   Les échelons en retraite se formant par la droite,

(1) Le général Ducrot n'avait reçu aucune instruction du maréchal ; il ignorait absolument quelles étaient ses intentions ; s'il avait voulu livrer une bataille offensive ou défensive ; s'il voulait reprendre sa marche sur Montmédy (les efforts faits par le 12e corps du côté de Bazeilles pouvaient le faire supposer) ou battre en retraite sur Mézières.

Dans ces conditions, le général Ducrot devait prendre un parti instantanément ; il l'a fait sans hésitation, et en admettant qu'il ne fût pas le meilleur, on ne saurait nier qu'il eût été préférable d'en poursuivre l'exécution que d'agir sans but déterminé et sans plan bien arrêté. Or, le général de Wimpffen dit lui-même qu'il a arrêté le mouvement de retraite commencé, parce qu'il voulait jeter les Bavarois dans la Meuse, pour revenir ensuite contre les corps ennemis qui étaient au nord de Sedan ; ailleurs, il dit qu'il voulait tenir les positions jusqu'à la nuit ; enfin, il prétend qu'il voulait percer par Carignan, dans la direction de Montmédy. De là ces ordres, ces contre-ordres, ces fluctuations qui ont contribué à jeter l'armée dans un désordre indescriptible et à la réduire à une impuissance absolue.

le 12ᵉ corps devait donc commencer le mouvement.
Le général Wolf à l'extrême gauche (1ʳᵉ division du
1ᵉʳ corps) devait rester le dernier et se retirer par les
bois de la Garenne en se défendant pied à pied.

tre le général
Ducrot et le gé-
néral Lebrun.

Le général Ducrot trouva le commandant du 12ᵉ
corps pied à terre. Il venait de recevoir une contu-
sion.

« Vous a t-on communiqué mes ordres, avez-vous
» commencé le mouvement ? » lui dit le général en
chef. — « Je vous ferai remarquer, répond le géné-
» ral Lebrun, que nous avons l'avantage ; les Bava-
» rois reculent; nos soldats vont bien, ce serait dom-
» mage de ne pas en profiter. Je crains qu'un mou-
» vement de retraite ne les décourage et ne se change
» bientôt en déroute. — Mon cher ami, reprend le
» général Ducrot, il n'y a pas à hésiter ; pendant
» que l'ennemi nous amuse de votre côté, il est en
» train de manœuvrer pour nous envelopper. Ce
» qui se passe ici n'est pas sérieux ; la véritable ba-
» taille sera bientôt derrière nous, du côté d'Illy.
» Vous voyez bien, ajoute le général en lui montrant les
» hauteurs qui s'étendent du calvaire d'Illy à Floing,
» vous voyez bien ce grand plateau, il faut con-
» centrer notre armée dans cette direction. Cela
» fait, notre gauche solidement appuyée à Illy, notre
» droite couverte par Sedan, nous serons en bonne
» situation. Si je me suis trompé, si mes prévisions
» ne se réalisent pas, si l'ennemi ne vient pas à nous
» sur nos derrières et se borne à nous attaquer de
» front, eh bien! nous ferons un retour offensif sur
» notre centre et nous le précipiterons dans le ravin de

» Givonne. Je vous le répète, il n'y a pas d'hésitation
» à avoir. — Exécutez mes ordres. »

Le général Lebrun n'insista plus et dit qu'il allait
de suite commencer le mouvement.

On comprend qu'il était pénible pour le commandant du 12ᵉ corps d'abandonner de bonnes positions,
d'interrompre un succès. Mais à la guerre il faut savoir faire des sacrifices et les faire vite. Souvent
deux buts se présentent ; il faut abandonner l'un et
courir à l'autre. Qui veut atteindre les deux hésite,
tergiverse et, en partageant ses moyens, les annule.

Ce n'était évidemment pas dans l'espoir d'une victoire que le général en chef avait pris la résolution
d'abandonner le plateau de Givonne et de ne pas
poursuivre le petit avantage du 12ᵉ corps ; mais si
la victoire n'était plus à espérer, il fallait faire tout ce
qui était humainement possible pour s'ouvrir un passage. Hésiter, attendre, c'était s'enlever les moyens
de le faire.

Possibilité de
se retirer par
le Nord au mo-
ment où le gé-
néral Ducrot
prend le com-
mandement.

A tout prix, il fallait passer. Percer par Carignan !
si le 30 et le 31 c'était courir à une perte certaine,
maintenant que l'ennemi avait franchi le Chiers en
grandes forces, c'eût été de la folie. Pour qui a vu le
terrain ou sait lire sur une carte, cette hypothèse
n'est pas discutable.

Mais il nous restait la route du Nord. A sept heures et demie au moment où le général ordonnait le
mouvement de retraite, elle n'était pas réellement
fermée et pouvait encore nous sauver.

En effet (voir sur les cartes, à la fin de l'ouvrage,
les positions de l'armée allemande le 31 au soi

et le 1er au matin) l'avant-garde du 11e corps prussien qui avait franchi la Meuse à Donchery et
longé la presqu'île d'Iges, se trouvait à cette heure
fort en l'air à Vrigne-au-Bois; il y avait tout lieu de
croire qu'il serait possible de la bousculer pendant
que le reste de l'armée, solidement établi à Illy, contiendrait au centre et à la gauche les efforts de l'ennemi cherchant sous le feu de la place de Sedan à
gravir les hauteurs du bois de la Garenne. Le 5e corps,
qui plus tard devait se joindre au 11e avait quitté
Chémery dans la matinée, et se trouvait encore loin du
champ de bataille. Plus loin on ne rencontrait plus
que la division wurtembergeoise qui n'était pas à redouter. Deux jours après, le général Ducrot devait
apprendre de la bouche même de ses adversaires
à quel point cet espoir était alors réalisable ; mais
dans cette guerre malheureuse, il était dit que nous
ne saurions, ni ne voudrions profiter de rien.

Après la capitulation, le général Ducrot s'étant rendu
à Donchery (1) s'entretint quelque temps avec le général de Blümenthal, major général du prince royal,
qui lui avoua que pendant une grande partie de la
journée du 1er il avait été fort inquiet, redoutant un
effort désespéré de notre part du côté du Nord « et de
» ce côté, lui dit-il, je n'avais, jusqu'à une heure
» du soir que 200 bouches à feu soutenues par quel-
» ques escadrons de cavalerie. — C'était bien témé-

(1) Le général était allé au quartier général du prince royal de
Prusse demander que des distributions de vivres fussent faites à l'armée prisonnière, et que le transport des officiers s'effectuât dans cer-
taines conditions.

» raire, lui dit le général français. — Téméraire ?
» non ; audacieux, oui. Mais à la guerre, vous savez,
» général, qu'il faut agir d'après le moral de ses ad-
» versaires. Nous vous savions bien abattus. Nous
» pouvions donc beaucoup oser. »

Supposons, pour tout élucider (nous avons été si malheureux qu'il faut prévoir l'impossible), suppo- sons que nous eussions échoué devant les batteries de Blümenthal nous barrant la route de Sedan à Mé- zières par Floing et Vrigne-aux-Bois ; il restait, nous le répétons encore, les chemins vicinaux et les sen- tiers qui courent à travers bois entre la route et la frontière ; enfin, ressource *in extremis,* il y avait derrière nous la Belgique !

Mouvement de retraite du 12e corps et des 2e et 3e di- visions du 1er corps.

Le 12e corps commence donc son mouvement de re- traite en échelons par brigade.

La division de Vassoignes est portée en arrière dans la direction du plateau pour former le premier échelon de droite; en même temps les divisions Lhériller et Pellé du 1er corps qui, étant en seconde ligne, n'a- vaient pas été engagées, exécutaient leur mouvement et venaient s'établir avec l'artillerie de réserve et l'ar- tillerie divisionnaire à hauteur du bois de la Ga- renne, le tout dans un ordre parfait.

Pour mieux protéger la retraite, le commandant en chef prenait la précaution suivante : la division de Lartigues qui avait passé le matin le ravin de la Gi- vonne à Daigny pour se porter face au bois Cheva- lier, y fut laissée malgré sa position un peu ris- quée.

Le général avait d'abord donné l'ordre de la faire revenir, puis se ravisant, il dit à l'officier d'état-major prêt à partir :

La division de Lartigue est maintenue sur la rive gauche du ruisseau de Givonne.

« Non, attendez. Je ferai prévenir Lartigues plus
» tard; il est très-important que nous restions maî-
» tres de Daigny le plus longtemps possible; c'est
» le seul point où il existe un pont pour le passage
» de l'artillerie ennemie. Lartigues saura bien s'y
» maintenir; dans tous les cas l'affaire est assez im-
» portante pour que je ne craigne pas de compro-
» mettre cette division. » Toutefois, il retint la 2ᵉ
brigade de la division de Lartigues qui n'avait pas
encore franchi le ravin.

L'Empereur qui, monté à cheval dès le matin, se
trouvait aux environs de Balan, fut surpris du mouvement rétrograde de l'armée, et malgré son désir de
ne vouloir en rien influencer les décisions de ses généraux, il ne put s'empêcher d'envoyer demander au
commandant en chef des explications.

« — Sa Majesté a remarqué, vint dire au général
» le capitaine Guzman, officier d'ordonnance de l'Em-
» pereur, un mouvement de retraite qui semble s'ac-
» centuer de la droite à la gauche, et cela dans un
» moment où nous semblions avoir l'avantage vers
» la droite. L'Empereur ne se rend pas compte de ce
» mouvement, et m'envoie vous demander des éclair-
» cissements à ce sujet.

» — Monsieur, vous direz à Sa Majesté que ce qui
» se passe à notre droite est insignifiant. L'ennemi
» nous amuse là, pendant qu'il manœuvre pour en-
» velopper nos ailes, et c'est derrière nous vers Illy

» que se livrera la vraie bataille. Dites à l'Empereur
» que je prends mes dispositions en conséquence;
» j'exécute mes mouvements de retraite et de con-
» centration avec ordre, mais le plus rapidement pos-
» sible. Rien ne saurait les arrêter. »

Soit que l'Empereur se fût rendu aux raisons du général, soit qu'il ne voulût pas sortir de son rôle de spectateur, il n'apporta aucun obstacle aux mouvements de retraite.

Ce que le souverain de la France laissait faire, un général venu de la veille allait l'empêcher.

Le général de Wimpffen voyant le succès obtenu à la droite réclame le commandement.

Arrivé le 30 à l'armée, le général de Wimpffen, en se promenant dans la matinée du 1ᵉʳ septembre à travers les positions du 5ᵉ corps, s'était aperçu que l'affaire marchait bien à droite, que le 12ᵉ corps se maintenait ferme dans Bazeilles et faisait même plier les Bavarois. Trompé par les apparences, il crut que, l'avantage s'accentuant, ce succès était le commencement d'une victoire. Alors il voulut que la journée fût sienne, et, produisant un pli de Paris émanant du comte de Palikao, se déclara commandant en chef!!

Bulletin du général de Wimpffen au général Ducrot

Le général Ducrot voyait avec satisfaction son mouvement de retraite parfaitement se dessiner. La division de Vassoignes, les divisions Pellé et Lhériller avaient accentué leur marche dans la direction indiquée, quand, vers neuf heures, il reçut l'ordre suivant : « Le général de Wimpfen au général Ducrot.
» L'ennemi est en retraite sur notre droite. J'envoie
» à Lebrun la division Grandchamp. Je pense qu'il
» ne doit pas être question en ce moment de mou-

» vement de retraite. J'ai une lettre de commande-
» ment de l'armée du ministère de la guerre; mais
» nous en parlerons après la bataille. Vous êtes
» plus près de l'ennemi que moi; usez de toute vo-
» tre énergie et de tout votre savoir pour rempor-
» ter la victoire sur un ennemi dans des *condi-*
» *tions* (1) désavantageuses. En conséquence, sou-
» tenez vigoureusement Lebrun tout en surveillant la
» ligne que vous étiez chargé de garder. »

Aussitôt le général Ducrot partit à la recherche
du général de Wimpffen et l'abordant, lui dit : « Je
» ne viens pas vous contester le commandement,
» quoique je l'aie reçu du maréchal de Mac-Mahon
» et qu'il m'ait été confirmé par l'Empereur. Ce
» n'est pas le moment d'élever de pareils conflits.
» Je suis prêt à vous seconder de tous mes efforts.
» Mais permettez-moi de vous faire observer que je
» suis en présence des Prussiens depuis près de
» deux mois, que mieux que vous je connais leur
» manière de faire, que j'ai étudié la situation, le ter-
» rain, qu'il est évident pour moi que l'ennemi est
» en train de manœuvrer pour nous envelopper.
» Je l'ai vu de mes yeux, et ce billet que voici du

Discussion entre le général de Wimpffen et le général Ducrot.

(1) Dans l'ouvrage qu'il a publié sur Sedan, le général de Wimpffen, en reproduisant ce billet adressé au général Ducrot change le mot
de *conditions* en celui de *positions*. Là, en effet, est le secret de la conduite de cet officier général; il croyait alors l'ennemi dans des *condi-*
tions réellement désavantageuses; il regardait la victoire comme possible et même comme probable, et c'est pour ce motif qu'il réclama
le commandement. Le billet original est entre les mains du général
Ducrot; il diffère, comme on le voit, en plusieurs points, de celui
que reproduit, de mémoire évidemment, le général de Wimpffen
dans son ouvrage.

» maire de Villers-Cernay, annonçant le passage de
» troupes ennemies depuis ce matin ne peut laisser
» aucun doute. Au nom du salut de l'armée, je vous
» adjure de laisser continuer le mouvement de re-
» traite. Dans deux heures il ne sera plus temps. »

Général de Wimpffen — : « Mais pourquoi vou-
» lez-vous battre en retraite, quand Lebrun a l'avan-
» tage? N'est-il pas vrai? » ajouta-t-il en interpellant
ce général qui se trouvait là. « N'est-il pas vrai,
» Lebrun, que vous avez l'avantage? »

Le général Lebrun répondit dans le sens du général
de Wimpffen, et dit qu'on *pouvait attendre* pour
commencer la retraite, si les circonstances ulté-
rieures en démontraient la nécessité.

Général de Wimpffen : — « Oui, nous n'avons que
» de la cavalerie derrière nous; nous n'avons pas
» à nous en inquiéter. Le général Douay la main-
» tiendra.

» Quant à nous, réunissons tous nos efforts pour
» écraser ce qui est devant Lebrun. »

Général Ducrot : — « Mais où voulez-vous qu'aille
» cette infanterie qui passe depuis ce matin à Fran-
» cheval et à Villers-Cernay, si ce n'est à Illy? »

Général de Wimpfen : — « Illy? Qu'est-ce que
» c'est qu'Illy? »

Général Ducrot : — « Ah! vous ne savez pas ce que
» c'est qu'Illy? eh bien! regardez. »

Et, étalant une carte sur l'arçon de sa selle, il ajouta : « Voyez ce coude de la Meuse qui se relève vers le
» Nord, et ne laisse qu'un étroit espace entre la ri-
» vière et la frontière belge. Il n'y a là qu'un unique

» point de passage, c'est Illy! Si l'ennemi s'en em-
» pare, nous sommes perdus. »

Le général de Wimpffen daigna jeter à peine un
coup d'œil sur la carte, et dit : « Oui, oui, tout cela
» est très-bien; mais pour le moment Lebrun a l'a-
» vantage, il faut en profiter. Ce n'est pas une re-
» traite qu'il nous faut, c'est une victoire ! »

« — Ah! il vous faut une victoire? Eh bien ! nous
» serons trop heureux si nous avons une retraite ce
» soir ! »

Et, piquant des deux, le général Ducrot partit au
galop la mort dans l'âme.

Néanmoins, voulant faire jusqu'au bout son métier
de soldat, il fait, suivant l'ordre reçu, redescendre
aux deux divisions Pellé et Lhériller une partie des
positions qu'elles avaient gravies peu d'instants auparavant, puis il pousse jusqu'au bois de la Garenne
pour voir comment il était gardé.

Là, il constate que les troupes chargées de ce soin
s'en acquittaient fort mal et qu'elles étaient beaucoup
plus préoccupées de se mettre à l'abri en s'enfonçant
dans l'épaisseur du bois que de surveiller ce qui se
passait sur la lisière nord.

Voyant que l'officier général qui les commandait
avait mis pied à terre et se tenait vers la partie sud,
il lui fit sèchement observer que sa présence serait
plus utile au Nord, c'est-à-dire du côté de l'ennemi.

Il était alors dix heures et demie. L'Empereur qui
s'était rendu aux raisons du commandant du 1er
corps avait, assure-t-on, vu avec inquiétude le rem-
placement de ce général par le général de Wimpffen

Le général Ducrot reporte ses troupes en avant.

L'Empereur craint que l'armée ne soit enveloppée.

venant changer encore une fois l'ordre de bataille. Plein d'anxiété, il veut gagner les hauteurs dominantes pour voir par lui-même. Comme il traversait le fond de Givonne, un officier de chasseurs à pied s'approche vivement de lui (1) : « Sire, dit-il, je suis du pays, je le connais parfaitement. Si on nous laisse tourner par Illy, nous sommes perdus. »

Encore sous l'impression de ces paroles, l'Empereur rencontre le général de Wimpffen et lui en fait part.

« Que Votre Majesté ne s'en inquiète pas! dans » deux heures je les aurai jetés dans la Meuse. »

« Plaise à Dieu, murmure un officier général de » la suite, que ce ne soit pas nous qui y soyons je-» tés! »

Tout le monde voyait le danger. Seul le général en chef semblait ne pas s'en douter.

A onze heures on entend la canonnade du côté de Floing et de Fleigneux.

Vers onze heures, une violente canonnade se faisait entendre dans la direction de Floing d'abord et de Fleigneux ensuite. Toujours aux écoutes de ce côté, le général Ducrot envoie un officier au général Douay pour avoir des nouvelles. Au bout d'un quart d'heure le bruit du canon s'élevant de plus en plus, il prend le galop et court sur le calvaire d'Illy.

Le 7ᵉ corps est très-ébranlé.

Comme il se portait dans cette direction, il est arrêté par un torrent d'hommes et de chevaux ; infanterie, cavalerie, artillerie, tout se précipite pêle-mêle ; en vain cherche-t-il à arrêter ce débordement. — Personne ne l'écoute. Tout fuit. Au même

(1) Lettre du général Pajol, aide de camp de l'Empereur.

instant, il aperçoit le long du bois de la Garenne un régiment de cuirassiers qui filait au trot, mais en ordre. Il court à lui et adjure son chef de s'arrêter et de maintenir quelques instants la position. «Dans un » instant je vous amènerai du renfort. » Et il se dirige de toute la vitesse de son cheval à la recherche du général de Wimpffen. Il le trouve au sud du bois de la Garenne :

« Les événements que je vous annonçais, lui dit-il, » se sont produits plus tôt que je ne le pensais. L'en-» nemi attaque le calvaire d'Illy. Douay est fort » ébranlé. Les instants sont précieux. Hâtez-vous » d'envoyer des renforts, si vous voulez conserver » cette position. »

De Wimpffen. — « Eh bien ! chargez-vous de cela, » réunissez tout ce que vous trouverez de troupes de » toutes armes et maintenez-vous bon par là, tandis » que moi je m'occuperai du 12ᵉ corps. »

Lorsqu'au matin le général de Wimpffen avait pris le commandement, l'avantage de Lebrun pouvait lui faire espérer une victoire sur un ennemi placé dans des *conditions désavantageuses,* comme il l'écrivait au général Ducrot; une fois les Bavarois « jetés à la Meuse » il comptait revenir sur les assaillants placés de l'autre côté de Sedan.

A ce moment, le général de Wimpffen ne songe pas à percer par Carignan il compte seulement se maintenir dans les positions.

Mais au moment où il ordonnait de se *maintenir bon* à Illy, tandis que lui se chargeait du 12ᵉ corps occupant la Moncelle et Balan, il avait alors renoncé à sa victoire; il ne comptait plus jeter les Bavarois à l'eau. Il espérait uniquement se maintenir dans ses positions, et ne songeait nullement *à faire une*

3

trouée par Carignan. Du moins, il n'en a pas dit un mot au général Ducrot, qui, ayant le dos tourné à Carignan, puisqu'il se portait sur Illy, devait au moins être averti de ce que le commandant en chef comptait faire de ce côté.

Si le général de Wimpffen lui en avait parlé, il n'aurait pas manqué, vu les raisons énoncées plus haut, de protester énergiquement contre la possibilité de ce mouvement.

Conformément aux ordres reçus, le général Ducrot donne l'ordre au général Forgeot d'amener sur le plateau faisant face à Fleigneux et à Floing tout ce qui restait d'artillerie disponible. Il commande au colonel Robert de faire remonter vers la crête les divisions Pellé et Lhériller, et envoie chercher tout ce qui reste de cavalerie disponible. Ces différents ordres sont donnés au nom du général de Wimpffen pour éviter les hésitations.

Le 7ᵉ corps et le 1ᵉʳ ne peuvent se maintenir entre Floing et Illy.

Toute la partie Nord-Ouest du champ de bataille, entre Floing et Illy, était battue depuis onze heures par un épouvantable feu d'artillerie. L'infanterie allemande n'avait pas encore paru, mais à une heure, le grand mouvement circulaire du 11ᵉ et du 5ᵉ corps par Vrigne-aux-Bois, ainsi que celui du corps de la garde, par Villers-Cernay et Fleigneux, était déjà très-nettement dessiné. Sur notre gauche s'avançaient en masses profondes les bataillons du 11ᵉ corps soutenus par une fraction du 5ᵉ. Il faut les arrêter.

Dévouement héroïque de la cavalerie.

Le général Ducrot appelle le général Margueritte qui se tenait avec la 1ʳᵉ division de cavalerie de ré-

serve, vers le calvaire d'Illy. Il le guide lui-même,
et, longeant les batteries établies sur la crête, entre
le bois de la Garenne et Floing, les dépasse et lui dit:
«Vous allez charger par échelons sur notre gauche.
Après avoir balayé ce qui est devant nous, vous vous
rabattrez à droite et prendrez en flanc toute la ligne
ennemie. » Ce remarquable officier général se porte
en avant avec son état-major pour reconnaître le terrain, et reçoit une blessure mortelle. Plusieurs de ses
officiers tombent autour de lui Le général de Galiffet
prend le commandement de la division. Une partie
de la division Salignac-Fénelon est amenée, et se
prépare également à prendre une part active à la
lutte.

Ces braves cavaliers, officiers et généraux en tête,
s'élancent en avant de toute la vitesse de leurs chevaux. Malgré une pluie de balles et de mitraille, la
première ligne ennemie est sabrée et dispersée. La
seconde ligne est abordée avec la même ardeur, mais
ils ne peuvent la briser. Les bataillons prussiens dé-
ployés au centre, formés en carré sur les ailes, les
jettent à terre par des feux bien dirigés. Repoussés,
les escadrons retournent en arrière, se reforment et
se précipitent de nouveau, faisant ainsi une charge
continue. Le roi Guillaume, qui du haut des hauteurs de Frénois assistait à ce spectacle, ne put s'empêcher d'applaudir et de s'écrier : « Oh! les braves
» gens (1)! »

(1) Récit fait quelques jours après par le prince royal au général
Ducrot.

Deux siècles auparavant, un autre Guillaume, furieux de voir la victoire lui échapper, exaspéré de l'impassibilité de notre cavalerie sous le feu de son artillerie, s'était écrié : « Oh! l'insolente nation! » (Senef, 11 août 1674.)

Cette fois, hélas! le succès n'était pas douteux, et le Guillaume de Sedan pouvait s'écrier sans amoindrir sa gloire : « Oh! les braves gens! »

Belle attitude de l'artillerie. L'artillerie ne se montre pas moins admirable que la cavalerie. Accourues en toute hâte, deux batteries de la réserve sont pulvérisées en quelques instants par le feu de 50 pièces ennemies. D'autres les remplacent immédiatement, prennent de meilleures dispositions et répondent énergiquement. Pendant quelque temps, elles parviennent à attirer sur elles tous les efforts de l'artillerie ennemie, ce qui permet à la cavalerie et à l'infanterie de tenter un dernier effort. Mais, indépendamment de notre infériorité numérique et de notre infériorité de tir et de portée, la configuration du terrain, par sa forme circulaire, nous était encore désavantageuse. Tous nos coups étaient divergents, tandis que l'ennemi, occupant une ligne circonscrite à la nôtre, faisait converger tous ses feux. Les projectiles venaient à la fois de face, de gauche et de droite. Bientôt la place n'est plus tenable, les affûts sont brisés, plusieurs caissons sautent à la fois, et les batteries se retirent en abandonnant une partie de leur matériel.

Le général essaye d'entraîner l'infanterie. Pendant que l'artillerie et la cavalerie faisaient ces nobles efforts, le général Ducrot à la tête de son état-major cherchait à entraîner les quelques bataillons

ou fractions de bataillons qu'il avait pu grouper autour de lui Mais ces troupes exposées depuis le matin au feu de plus de 400 pièces, portées tantôt
en avant, tantôt en arrière, impuissantes à répondre
directement à un ennemi invisible qui les cou-
vrait de projectiles, se voyant enfin enveloppées de
toutes parts, n'avaient plus ni élan, ni énergie.

Par trois fois le général Ducrot essaye de les enlever. Il les appelle, les encourage et cherche à leur
communiquer l'ardeur et la colère qui l'animent.
Quelques braves se précipitent, les autres suivent,
mais, accablés, reculent et se débandent. Lorsque la
cavalerie est ramenée en désordre pour la troisième
fois, les dernières troupes d'infanterie restées encore solides se débandent. Alors de la droite à la
gauche les lignes prussiennes s'avancent en poussant
leurs hurrahs! dont les éclats se mêlent à ceux de la
canonnade et de la mousqueterie. La confusion se
met dans nos rangs et tous en désordre se précipitent dans la direction de Sedan, où instinctivement chacune des fractions de l'armée va s'en-
gloutir.

Voici dans quels termes le rapport allemand apprécie les efforts faits par le général Ducrot dans la direction d'Illy et de Floing :

« Vers une heure environ s'avancèrent l'infanterie
» du 11ᵉ corps et la 19ᵉ brigade de l'aile droite du
» 5ᵉ corps pour attaquer dans la direction de Floing.

» L'ennemi se défendit avec le courage du déses-
» poir, mais, malgré ses efforts, l'infanterie, sou-
» tenue très-fortement par ses batteries, réussit à

» occuper la portion de terrain située devant Floing.

» Plusieurs retours offensifs, surtout faits par la
» cavalerie, et dont la vivacité donnait à supposer
» l'intention de faire la trouée, vinrent échouer devant
» le calme inébranlable des bataillons du 11ᵉ corps
» et des fractions du 5ᵉ corps qui les appuyaient.
» Les attaques furent reçues : partie en carré, partie
» en ligne, et furent toutes repoussées par un feu
» calme, bien ajusté, qui coucha à terre la plus grande
» partie des assaillants et rejeta le reste dans Sedan.

» A trois heures de l'après-midi, l'ennemi était
» déjà sur divers points en pleine retraite sur la for-
» teresse.

» Le 5ᵉ corps avait pendant ce temps efficacement
» préparé par son artillerie de réserve l'attaque gé-
» nérale contre Illy et la position dominante qui y
» touche. Elle était parfaitement secondée par une
» troisième batterie de réserve du 3ᵉ corps, qui avait
» pris position à l'Est de Floing.

» Un violent combat embrâsa les hauteurs au Sud
» d'Illy et les parcelles de bois qui s'y trouvent. A
» trois heures, il s'éteignit. L'ennemi se trouvait, là
» aussi, en retraite à travers le bois de la Garenne,
» sur la forteresse.

» Ainsi, à ce moment de l'après-midi, on avait
» achevé de cerner complétement l'armée française
» en rase campagne. »

Quant à la fameuse sortie faite par le général de
Wimpffen sur Balan, vers cinq heures, le rapport allemand n'en dit pas un mot. En effet, ce ne fut jamais
une chose sérieuse ; il suffit de lire le récit du gé-

néral Lebrun pour en être convaincu. (Page 280 de
l'ouvrage du général de Wimpffen.)

« Je ne supposerai jamais que le général de Wimpf-
» fen ait pu considérer comme un ordre qu'il me
» donnait de tenter une trouée sur Carignan la pro-
» position qu'il vint me faire au centre du village de
» Balan, où je me trouvais, de reprendre l'offensive
» avec les deux ou trois mille hommes que nous pou-
» vions alors réunir autour de nous...... Non, dans
» cette dernière entrevue du général en chef avec
» moi, dans ce dernier épisode de la bataille, il ne
» s'agissait pas, il ne pouvait s'agir d'une tentative
» de trouée sur Carignan, non plus que d'un passage
» à ouvrir de ce côté pour la personne de l'Empereur.
» Ce que j'ai pensé et ce que je pense encore aujour-
» d'hui de la proposition faite par le général de
» Wimpffen dans le moment que j'ai indiqué, c'est
» qu'il n'était pas possible d'y voir autre chose
» qu'un dernier appel désespéré et irréfléchi adressé
» à une poignée de soldats impuissants à y ré-
» pondre. »

Avant de poursuivre ce récit, arrêtons-nous pour
examiner quelle était à ce moment la situation
de chacune des quatre divisions du 1er corps. Dispersées sur une immense circonférence par suite de
fausses manœuvres, d'ordres et de contre-ordres, iso-
lées les unes des autres (plusieurs mêmes divisées
et placées dos à dos), sans possibilité de se prêter le
moindre appui, nos divisions avaient été réduites à
lutter sur place sans but précis, sans objectif déterminé. Au milieu d'elles, une cavalerie en désordre,

qui ne pouvait être utilisée, errait de ravin en ravin, cherchant vainement un pli de terrain où elle fût à l'abri des obus qui pleuvaient de toutes parts.

La 1re division (général Wolf) était restée sur les hauteurs de Givonne, tenant ferme cette excellente position; mais, complétement isolée et débordée par sa gauche, elle avait dû se replier vers la partie Est de la ville, et à ce moment le général Wolf recevait une grave blessure.

La 2e division (général Pellé), réduite à la brigade Gandil, s'était épuisée en vains efforts dans la direction d'Illy, et après l'évacuation des hauteurs du Calvaire et du bois de la Garenne, s'était trouvée entraînée dans la déroute générale et refoulée vers la partie Nord de la ville. La brigade de Montmarie, complétement isolée, était restée sur le bord du ravin de Givonne.

La 3e division (général Lhérillér), au moment où elle se portait dans la direction du Nord sur les traces de la 2e, avait été prise en travers par une avalanche de cavalerie fuyant en désordre et s'était trouvée dispersée sans avoir combattu. Elle était au reste réduite à sa 2e brigade; la première (général Carteret) combattait avec le 12e corps; son général était blessé et ses troupes refoulées vers le Vieux-Camp.

La 4e division (général de Lartigues) avait eu sa 1re brigade (général Fraboulet) engagée dès le matin sur la rive gauche de la Givonne; écrasée par des forces supérieures, elle avait lutté pied à pied, s'était maintenue avec acharnement dans le village de Daigny, mais débordée par sa droite et par sa gauche, elle avait été anéantie ou dispersée. Les généraux de Lartigues, Fraboulet, le chef d'état-major colonel d'Andigné étaient gravement blessés.

La division de cavalerie Margueritte, qui avait répondu avec un si héroïque dévouement à l'appel du commandant du 1ᵉʳ corps, était également anéantie ou dispersée. Son général de division, le brave Margueritte, était blessé mortellement, le général Tillard était tué, le colonel Cliquot, du 1ᵉʳ chasseurs d'Afrique, les lieutenants-colonels de Gantès, du 1ᵉʳ hussards, de Linières, du 3ᵉ chasseurs d'Afrique, étaient tués; le lieutenant-colonel Ramond, du 1ᵉʳ chasseurs d'Afrique, blessé grièvement. Le 1ᵉʳ hussards comptait à lui seul 8 officiers tués, 14 blessés. Le colonel de Bauffremont avait eu deux chevaux tués sous lui. La division de Salignac-Fénelon avait également subi des pertes cruelles. Son chef avait reçu une blessure grave.

Quant à l'artillerie, nous avons dit quel avait été son rôle! avec quelle abnégation elle s'était sacrifiée sans tenir compte de son impuissance.

Et c'est après nous avoir plongés dans cette horrible situation que M. le général de Wimpffen ose nous accuser d'avoir refusé de lui prêter notre concours pour tenter l'on ne sait quelle entreprise insensée dans a direction de Carignan

En vérité, c'est trop d'injustice ou d'aveuglement! Mais que voulait-il? Que pouvait-il espérer en se lançant dans cette direction? La route de Carignan est dans le fond de la vallée; elle longe la rive droite du Chiers, est dominée à gauche et à droite par

des hauteurs garnies d'une formidable artillerie et
de nombreux bataillons. En supposant que l'on eût pu
déboucher du village de Bazeilles et parvenir jusqu'à
Douzy, ne trouvait-on pas là un obstacle insurmon-
table ? N'était-on pas coupé complétement par les
troupes ennemies qui, maîtresses des hauteurs, tom-
baient sur notre flanc gauche par la route qui descend perpendiculairement des hauteurs de Francheval sur la route de Sedan à Carignan? En admettant
qu'on ait pu concevoir la pensée de percer dans cette
direction, n'était-ce pas par le chemin de la montagne
(celui suivi la veille par le 1er corps) qu'il fallait tenter
son effort ? Mais en réalité la chose n'était pas plus
possible d'un côté que de l'autre.

Que serait-il advenu au contraire, si le mouvement
de concentration ordonné par le général Ducrot avant
huit heures du matin se fût continué avec calme et
avec ordre ?

N'est-il pas à peu près certain que vers onze heures la majeure partie de l'armée se serait trouvée
concentrée en bon ordre sur les hauteurs qui s'étendent entre Saint-Menges, le calvaire d'Illy et Fleigneux? nos 200 bouches à feu en batterie sur ces
excellentes positions voyaient venir les têtes de colonnes ennemies, les empêchaient de se déployer,
les écrasaient peut-être. Nos quatre divisions de cavalerie (environ 60 escadrons), manœuvrant avec l'appui de cette puissante action, débordaient la gauche de l'ennemi et pouvaient enlever sa nombreuse
artillerie si témérairement engagée sur nos derrières,
sans autre appui que celui de quelques escadrons. La

route du N.-O. était complétement déblayée et nos
divisions d'infanterie maintenant facilement l'ennemi
engagé dans les fonds de Givonne (voir le rapport
allemand) pouvaient faire leur retraite en bon ordre
ou s'écouler lestement par les bois qui s'étendent
d'Illy et Fleigneux à la frontière belge.

Nous le répétons, il y avait chances, grandes chances d'un succès relatif.... et dans tous les cas nous
ne laissions pas se former autour de nous ce cercle
de fer et de feu qui devait nous étouffer et nous
broyer.

Oh! lorsqu'on repasse ces douloureux souvenirs
dans sa mémoire, n'est-on pas pris d'un affreux désespoir et n'a-t-on pas le droit de maudire l'aveuglement et la folle présomption de celui qui a poussé
dans cet horrible gouffre de Sedan la dernière armée
de la France, lui enlevant ainsi sa dernière chance
de salut et infligeant à son drapeau une honte ineffa-
çable!

Débordé de toutes parts et suivant à distance ce torrent de fuyards, le général Ducrot arrive sous les murs
de la citadelle. Conduit par M. Debord, capitaine adju-
dant-major au 74°, il gagne à travers un dédale de
ruelles et de jardins le chemin couvert de la place.
Ce jeune et énergique officier attaché à l'état-major
général du 1er corps depuis le matin avait rendu les
plus grands services. Né à Sedan, il connaissait comme
chasseur infatigable le moindre pli de terrain, le
plus petit sentier. C'est lui qui avait dit au général que
le chemin de la montagne était très-praticable, que
toute la forêt au Nord d'Illy et de Saint-Menges était

percée d'excellents chemins vicinaux par lesquels l'armée pouvait faire retraite dans la direction de Rocroy, dans le cas où la route serait coupée (1).

Arrivé sous les murs de Sedan, le général Ducrot ignorait entièrement quelles étaient ses ressources.

Il savait seulement, ayant fait du système de défense de la France une étude particulière (2), que cette ville *classée comme place forte* était intenable ainsi que toutes nos places construites du temps de Vauban, où la portée maximum du canon était de 5 à 600 mètres! Mais il ne savait pas si elle était armée, approvisionnée en vivres et en munitions, si on avait construit quelques ouvrages extérieurs pouvant offrir un abri à une armée en retraite. Venu très-tard sur le champ de bataille, il n'avait pu, le 31 au soir, se mettre en communication avec le maréchal de Mac-Mahon, prendre ses ordres, connaître ses intentions. Au moment où le combat s'était engagé le 1ᵉʳ, au matin, n'ayant reçu aucune instruction du grand quartier général, il ignorait absolument si le maréchal avait l'intention de séjourner, de livrer bataille ou de battre en retraite vers Mézières. C'est dans ces conditions qu'il avait pris le commandement.

Comme le général descendait dans le fossé de la citadelle, où il se trouva réuni à plusieurs généraux, un de ses officiers d'ordonnance s'écria : « Le dra- » peau blanc est hissé. Serait-ce le drapeau parle-

(1) Une grosse fraction du 3ᵉ zouaves n'ayant pas reçu l'ordre de discontinuer le mouvement de retraite ordonné par le général Ducrot poursuivit sa marche vers le Nord et arriva par les bois à Rocroy.

(2) *Système de défense de la France*, par A. Ducrot. — Édition Dentu.

» mentaire?—Ce n'est pas possible, dit le général, c'est
» plutôt un drapeau d'ambulance dont la croix rouge
» a été effacée par la pluie. »

Arrivé à la poterne du bastion, il eut grand'peine
à se frayer un passage à travers les mourants, les
blessés, les fuyards entassés pêl.-mêle sous cet abri,
car les obus éclataient dans les fossés.

En débouchant dans la cour de la citadelle, le général Ducrot vit le général Dejean. Il alla à lui, et tous
deux firent le tour des remparts pour voir s'il y
avait possibilité de tenter un semblant de résistance.

Cette place de Sedan, qui avait bien son impor-
tance stratégique, puisque, se reliant à Paris par Mézières et l'embranchement d'Hirson, elle était l'unique moyen de ravitaillement d'une armée opérant
par le Nord sur Metz, était à peine à l'abri d'un
coup de main; ni vivres, ni munitions, ni approvisionnements d'aucune sorte. Quelques pièces
avaient 30 coups à tirer ; d'autres 6; mais la plupart
manquaient d'écouvillons.

Cependant les généraux Ducrot et Dejean pla-
cèrent quelques soldats sur les parapets et dans les
chemins couverts. Démoralisés, découragés, ces
hommes quittaient leur poste sitôt qu'on les perdait
de vue. Les remontrances, les menaces étaient impuissantes sur ces âmes abattues.

Vers trois heures et demie, le général Ducrot se
décide à traverser la ville pour se mettre en communication avec le commandant en chef. Au moment
où il était entré dans la citadelle, un officier d'ordonnance du général de Wimpffen lui avait apporté

l'ordre d'amener ce qu'il pourrait de troupes dans la direction de Balan, et de concourir à une tentative de trouée sur Carignan et Montmédy.

Malgré son manque absolu de confiance dans l'issue d'une telle entreprise, le général n'avait évidemment qu'à obéir; mais il était seul, il n'avait même plus son escorte. Ce n'était pas sa personne que le général de Wimpffen demandait, c'était le 1er corps, ou au moins une partie, et divisions, brigades, régiments, troupes de toutes armes, tout s'était effondré.

« Je n'ai plus rien avec moi, dit le général Du-
» crot à l'officier d'ordonnance; je vais entrer dans
» la place pour voir s'il est possible de réunir quel-
» ques troupes. »

A l'intérieur de Sedan, le spectacle était indescriptible; les rues, les places, les portes étaient encombrées de voitures, de chariots, de canons, de tous les impedimenta et les débris d'une armée en déroute. Des bandes de soldats, sans fusils, sans sacs, accouraient à tout moment, se jetaient dans les maisons, dans les églises. Aux portes de la ville on s'écrasait. Plusieurs malheureux périrent piétinés.

A travers cette foule, accouraient des cavaliers ventre à terre, des caissons passant au galop, se taillant un chemin au milieu de ces masses affolées.

Les quelques hommes qui avaient conservé un reste d'énergie ne semblaient s'en servir que pour accuser et maudire: « Nous avons été trahis, criaient-
» ils, nous avons été vendus par les traîtres et les
» lâches! »

Il n'y avait évidemment rien à faire avec de tels

hommes ; le général Ducrot se rendit à la sous-préfecture, où se tenait l'Empereur.

Napoléon III n'avait plus cette figure froide, impassible, que tout le monde connaît; les cruelles émotions qui l'agitaient se laissaient apercevoir sur sa figure empreinte d'une profonde tristesse.

Dès qu'il vit le général, il lui dit qu'il avait vivement regretté la nomination, par le ministre de la guerre, du général de Wimpffen au commandement en chef, mais qu'étant résolu à ne contrecarrer en rien les décisions venant de Paris, il n'avait pas voulu s'y opposer. « Cependant, ajouta-t-il, il n'y » avait que votre mouvement de retraite qui pût » nous sauver. » Puis, s'étendant sur les faits antérieurs à la guerre, il ajouta : « Vos pressentiments sur » les intentions de la Prusse, ce que vous m'aviez » dit de ses forces militaires et du peu de moyens » que nous aurions à leur opposer, tout cela n'é- » tait que trop vrai. J'aurais dû tenir plus compte » de vos avertissements et de vos conseils (1). » Après ces quelques paroles, l'Empereur se tut.

(1) Commandant de la 6ᵉ division militaire à Strasbourg, le général Ducrot était très à même de savoir ce qui se passait de l'autre côté du Rhin. Aussi dans maints rapports, lettres, brochures, etc., avait-il constamment signalé la politique et les tendances de la Prusse, mis à jour son activité militaire, ses préparatifs de guerre lui permettant de mettre en ligne immédiatement 600,000 hommes parfaitement instruits, équipés, organisés, et quelques semaines après 900,000 hommes, chiffre formidable pouvant même s'élever à 1,100,000; tandis qu'en France on ne pouvait, d'après les calculs du général, réunir que 200 à 250,000 hommes en trois semaines. « Après les premiers jours de marche, dit-il dans un de ses rapports, nous n'arriverons donc pas sur les champs de bataille de l'Allemagne avec plus de 150,000 hommes. » (Ce chiffre est l'effectif exact de nos combattants

Le profond silence qui régnait autour du souverain rendait plus saisissant encore le bruit du dehors. L'air était en feu; les obus tombant sur les toits entraînaient des pans de maçonnerie, qui s'abattaient avec fracas sur le pavé des rues; l'éclatement des projectiles se mêlait au grondement de 600 bouches à feu, épouvantable canonnade qui fut entendue jusque devant Metz par le prince Frédéric-Charles.

« — Je ne comprends pas, dit l'Empereur au général
» Ducrot, que l'ennemi continue le feu; j'ai fait arbo-
» rer le drapeau parlementaire. J'espère obtenir
» une entrevue avec le roi de Prusse; peut-être
» aurai-je des conditions avantageuses pour l'ar-
» mée? »

« — Je ne compte pas beaucoup, répondit le général,
» sur la générosité de nos adversaires; à la nuit nous
» pourrions tenter une sortie. »

éparpillés sur les champs de bataille de Frœschwiller, de Spickeren et de Metz.)

Le général avait également démontré l'insuffisance et la faiblesse de notre système défensif. Il voulait trois grands centres de défense : Lille, Laon et Langres, reliés à Paris et réunis entre eux par des réseaux de chemins de fer. Ces immenses camps retranchés devaient se soutenir mutuellement et se fortifier les uns par les autres. Toutes les places étaient déclassées à l'exception de Metz, Strasbourg, Belfort qui devaient nous servir pour l'offensive. Au point de vue défensif, disait le général, Strasbourg ne peut tenir huit jours (s'il a résisté plus d'un mois, c'est grâce à l'énergie et au patriotisme de ses braves habitants).

Aucun des conseils du général Ducrot n'avait été écouté. Plusieurs personnages de la cour et du ministère de la guerre s'étaient même fait de la vigilance du commandant de la 6e division militaire une arme contre lui, en disant qu'il excitait la susceptibilité d'une puissance désireuse de la paix, et jetait l'inquiétude dans les populations rhénanes.

Sa Majesté fit observer qu'il existait un tel désordre, un tel encombrement dans la ville, que les troupes en outre étaient si démoralisées, qu'il n'y avait pas le moindre espoir de réussir. « Une tentative de » cette sorte, ajouta-t-elle, n'aboutirait qu'à une » nouvelle effusion de sang. »

L'Empereur et quelques officiers de sa suite auraient peut-être pu s'échapper grâce à la nuit, mais il ne fallait plus songer à sauver l'armée. Enveloppée, cernée, elle était irrévocablement prise.

L'histoire se prononcera et dira si, contrairement aux lois militaires, Napoléon III devait, par une fuite qu'on eût très-certainement favorisée, séparer son sort de celui de l'armée, ou s'il devait, après avoir partagé ses dangers, partager son malheur.

Du reste, le roi de Prusse ayant déclaré qu'il faisait la guerre à l'Empereur et non à la France, l'Empereur prisonnier, la guerre devait cesser (1).

Pendant les quelques paroles échangées entre l'Empereur et le général Ducrot, la canonnade, loin de diminuer, redouble de minute en minute. Le feu se déclare en plusieurs endroits. Des femmes, des enfants tombent frappés. Le drapeau de l'Internationale ne protège plus les blessés qui sont entassés dans la grande caserne et dans les maisons converties en ambulances. Acculés aux murailles, amoncelés dans les fossés, soldats et officiers

(1) Cette idée était très-répandue dans l'armée allemande : « Le roi Wilhem, disaient les soldats, n'a qu'une parole. Il a promis de nous faire rentrer quand nous aurons battu l'Empereur. »

4

sont atteints ; deux généraux trouvent ainsi la mort.

La sous-préfecture n'est pas plus épargnée ; des obus éclatent à tout instant dans le jardin et dans la cour.

« Mais, dit l'Empereur, il faut absolument faire » cesser le feu. Écrivez là, » dit-il en se tournant vers le général Ducrot, et lui indiquant la table près de laquelle il était assis :

« Le drapeau parlementaire ayant été arboré, les » pourparlers vont être ouverts avec l'ennemi ; le feu » doit cesser sur toute la ligne. » Puis, comme le gé- néral regardait l'Empereur, celui-ci lui dit : « Main- » tenant, signez. » — Oh non ! sire, je ne peux pas » signer. A quel titre signerais-je ? Je commande le » 1er corps. C'est le général de Wimpffen qui est gé- » néral en chef. — Vous avez raison ; mais je ne sais » pas où est le général de Wimpffen ; il faut que quel- » qu'un signe. — Faites signer par son chef d'état- » major, ou par le plus ancien général de division » qui est le général Douay. — Oui, répondit l'Empe- » reur, faites signer par le chef d'état-major. »

Le général Ducrot sortit et communiqua les ordres de l'Empereur au colonel Robert. Celui-ci chercha le général Faure, et, l'ayant trouvé dans la citadelle, lui fit part du désir de Sa Majesté :

« Je viens de faire abattre le drapeau blanc, dit » cet officier, ce n'est pas pour signer un ordre » pareil. »

Le colonel Robert rentra dans la place avec le général Faure, et vint rendre compte au général Ducrot ; pendant qu'il lui parlait, le général Lebrun sortit de chez l'Empereur et fit connaître qu'il se

Vaine tenta-
tive des géné-
raux Wimpffen
et Lebrun à la
porte de Balan.

rendait vers l'ennemi en parlementaire. C'est alors
qu'ayant rencontré le commandant en chef, ce brave
officier général fit avec lui cette démonstration sur le
village de Balan dont le général de Wimpffen *a fait
si grand bruit.*

« Mais, dit le général Lebrun dans sa lettre du
» 20 octobre 1870 (1), nous n'avions pas franchi un
» espace de 200 mètres, nous n'étions pas arrivés à la
» sortie du village (dans la direction de Carignan),
» que jetant un coup d'œil en arrière et constatant
» que nous n'étions pas suivis, le général en chef
» tournait bride, me déclarant qu'il n'y avait pas à
» insister plus longtemps, et me prescrivait de faire
» opérer la retraite sur Sedan. »

Vers 6 heures, l'Empereur fit appeler le général Ducrot pour lui dire que le général de Wimpffen ayant
donné sa démission, il eut à prendre le commandement.

Le général Ducrot refuse d'accepter le commandement de l'armée.

Le général déclara à Sa Majesté qu'au point où en
étaient les choses, il ne pouvait l'accepter. Le général
de Wimpffen ayant le matin revendiqué l'honneur de
diriger les opérations, il n'avait pas le droit de se récu-
ser, maintenant qu'elles avaient mal abouti. Du reste,
le général Douay étant le plus ancien divisionnaire,
c'était à lui que revenait le nouveau commandement

Le général Douay allait accepter quand sur les observations de son ami le général Lebrun, il se récusa
également et déclara que le général de Wimpffen
devait commander jusqu'au bout.

L'Empereur envoya chercher le général de Wimpffen. Il était environ huit heures quand ce dernier arriva.

Altercation entre le géné-

(1) Ouvrage du général de Wimpffen, page 281.

ral Ducrot et
le général de
Wimpffen.

Le général Ducrot était assis dans un coin, caché par plusieurs personnes de l'entourage.

Le général de Wimpffen entre avec éclat (1), levant les bras au ciel et marchant à grands pas : « Sire, » s'écrie-t-il, si j'ai perdu la bataille, si j'ai été vaincu, » c'est que mes ordres n'ont pas été exécutés, c'est » que vos généraux ont refusé de m'obéir. »

A ces mots, le général Ducrot se leve comme mû par un resssort, et d'un bond se place face au général de Wimpffen : « Que dites-vous, s'écrie-t-il, et qui a » refusé de vous obéir? A qui faites-vous allusion ? » Serait-ce à moi? Hélas! vos ordres n'ont été que » trop bien exécutés. Si nous avons subi un affreux » désastre, plus affreux que tout ce qu'on a pu rêver, » c'est à votre folle présomption que nous le devons. » Seul vous en êtes responsable, car si vous n'aviez pas » arrêté le mouvement de retraite en dépit de mes » instances, nous serions maintenant en sûreté à Mé- » zières, ou du moins hors des atteintes de l'ennemi! »

Un peu surpris et décontenancé par cette brusque apostrophe du général qu'il ne savait pas là, le général de Wimpffen dit : « Eh bien! puisque je suis » incapable, raison de plus pour que je ne conserve » pas le commandement. »

Ducrot. — « Vous avez revendiqué le commande- » ment ce matin quand vous pensiez qu'il y avait » honneur et profit à l'exercer; je ne vous l'ai pas » contesté... alors qu'il était peut-être contestable.

(1) Huit ou dix personnes se trouvaient dans le salon, entre autres le chef d'état-major général Faure ; toutes peuvent dire lequel de ce récit ou de celui du général de Wimpffen est le plus conforme à la vérité.

» Mais à l'heure qu'il est, vous ne pouvez plus le refu-
» ser. Vous seul devez endosser la honte de la capitu-
» lation ! »

Le général Ducrot était très-exalté. L'Empereur et les
personnes de son entourage s'interposèrent pour le cal-
mer. L'incident terminé, le commandant du 1ᵉʳ corps se
retira et le général de Wimpffen ayant reçu les instructions de Sa Majesté se rendit au quartier général allemand.

M. le général de Wimpffen a fait le récit de son entrevue avec l'état-major allemand au sujet de la capitulation; nous donnons le nôtre, qui émane d'un
homme dans la loyauté et la sincérité duquel nous
avons pleine confiance. Il concorde d'ailleurs beaucoup mieux que celui du général avec les récits qui
nous ont été faits le lendemain de ce douloureux
événement par des officiers placés sous nos ordres et
dont la parole en conséquence revêtait presque un
caractère officiel. Puisque l'on nous a mis dans la
douloureuse nécessité d'écrire cette page d'histoire
avant l'heure, il faut qu'elle soit complète et con-
tienne tout ce qui peut servir à l'enseignement de nos
contemporains et de nos enfants.

Extrait d'une Note remise (1) *par le capitaine d'Orcet
du 4ᵉ de cuirassiers.*

. . . .

« Nous fûmes tous introduits alors dans un salon

(1) Cette narration a été rédigée à Stettin pendant la captivité.

au rez-de-chaussée, où nous attendîmes au moins dix minutes l'homme qui devait nous intimer la volonté du roi Guillaume.

» Le général de Moltke fit son entrée accompagné de M. le comte de Bismarck, du général de Blümenthal et de quelques officiers. Après un salut assez sommaire, il demanda au général de Wimpffen s'il avait des pouvoirs, et, sur sa réponse affirmative, il demanda à les vérifier, ce qui fut fait. Le général de Wimpffen présenta ensuite le général Castelnau et le général Faure. Le général de Moltke ayant alors demandé quel était le caractère de ces deux généraux, le général Faure répondit qu'il était venu comme chef d'état-major du maréchal de Mac-Mahon pour accompagner le général de Wimpffen, mais sans aucun caractère officiel, et le général Castelnau dit qu'il venait apporter une communication verbale et officieuse de la part de l'Empereur, mais que cette communication n'aurait son utilité qu'à la fin de la conférence, à laquelle d'ailleurs il n'avait point qualité pour prendre autrement part. Le général de Moltke nomma alors au général de Wimpffen, en les désignant de la main, M. le comte de Bismarck et le général de Blümenthal, et l'on s'assit.

» Nous étions placés de la manière suivante : au centre de la pièce, une table carrée avec un tapis rouge ; à l'un des côtés de cette table le général de Moltke, ayant à sa gauche M. de Bismarck et le général de Blümenthal à sa droite, du côté opposé de la table était le général de Wimpffen seul en avant ; derrière lui, presque dans l'ombre, les généraux Cas-

telnau et Faure et les autres officiers français; il y
avait en outre dans le salon sept ou huit officiers
prussiens dont l'un, sur un signe du général de
Blümenthal, vint se mettre près de la cheminée
sur laquelle il s'appuya pour écrire tout ce qui se
disait.

. . . .

. . . .

. . . .

» Après que l'on se fut assis, il régna un instant de
silence, on sentait que le général de Wimpffen était
embarrassé pour engager l'entretien, mais le général
de Moltke restant impassible, il se décida à commencer.

» Je désirerais, dit-il, connaître les conditions de
capitulation que S. M. le roi de Prusse est dans l'intention de nous accorder. — Elles sont bien simples,
répliqua le général de Moltke : L'armée tout entière
est prisonnière, avec armes et bagages : on laissera
aux officiers leurs armes comme un témoignage
d'estime pour leur courage, mais ils seront prisonniers de guerre comme la troupe.

» — Ces conditions sont bien dures, général, répli-
» qua le général de Wimpffen, et il me semble que
» par son courage l'armée française mérite mieux
» que cela.

» Est-ce qu'elle ne pourrait pas obtenir une capi-
» tulation dans les conditions suivantes :

» On vous remettrait la place et son artillerie.
» Vous laisseriez l'armée se retirer avec ses armes,
» ses bagages et ses drapeaux, à la condition de ne

» plus servir pendant cette guerre contre la Prusse;
» l'Empereur et les généraux s'engageraient pour
» l'armée et les officiers s'engageraient personnelle-
» ment et par écrit aux mêmes conditions, puis cette
» armée serait conduite dans une partie de la France
» désignée par la Prusse dans la capitulation, ou en
» Algérie pour y rester jusqu'à la conclusion de la
» paix. » Et il ajouta quelques autres développements
dans le même sens, paraissant regarder la paix comme
prochaine; mais le général de Moltke demeura impi-
toyable et se contenta de répondre qu'il ne pouvait
rien changer aux conditions. Le général de Wimpffen
fit de nouvelles instances; il fit appel d'abord aux
sympathies que sa position personnelle pouvait inspi-
rer au général de Moltke : « J'arrive, disait-il, il y a
» deux jours d'Afrique, du fond du désert, j'avais
» jusqu'ici une réputation militaire irréprochable et
» voilà qu'on me donne un commandement au milieu
» du combat et que je me trouve fatalement obligé
» d'attacher mon nom à une capitulation désastreuse
» dont je suis ainsi forcé d'endosser toute la respon-
» sabilité, sans avoir préparé moi-même la bataille
» dont cette capitulation est la suite. Vous qui êtes
» officier général comme moi, vous devriez compren-
» dre toute l'amertume de ma situation mieux que
» personne; il vous est possible d'adoucir pour moi
» cette amertume en m'accordant de plus honorables
» conditions : pourquoi ne le feriez-vous pas? Je sais
» bien, ajouta-t-il, que la plus grande cause de notre
» complet désastre a été la chute dès le début de la
» journée, du vaillant maréchal qui commandait

» avant moi : il n'aurait peut-être pas été vainqueur,
» mais il aurait pu du moins opérer une retraite heu-
» reuse, etc., etc. Quant à moi, si j'avais commandé
» dès la veille, je ne veux pas dire que j'aurais mieux
» fait que le maréchal de Mac-Mahon et gagné la
» bataille ; mais j'aurais préparé une retraite, ou du
» moins, connaissant mieux nos troupes, j'aurais
» réussi à les réunir dans un suprême effort pour
» faire une trouée. Au lieu de cela, on m'impose le
» commandement au milieu même de la bataille sans
» que je connaisse ni la situation, ni les positions
» de mes troupes : malgré tout, je serais peut-être
» parvenu à faire une percée ou à battre en retraite
» sans un incident personnel qu'il est du reste
» inutile de relater. » (C'était sans doute une allusion
à la confusion d'ordres qui est résultée de ce que le
matin le maréchal de Mac-Mahon avait remis le
commandement au général Ducrot, qui l'avait
exercé jusqu'au moment (dix heures du matin) où
le général de Wimpffen *le réclama* en vertu d'une
lettre du ministre, dont il était porteur.)

» Le général de Wimpffen continua encore sur le
même thème, mais s'apercevant que le général de
Moltke paraissait peu touché de ce plaidoyer personnel, il prit un ton un peu plus vif. « D'ailleurs, dit-il,
» si vous ne pouvez m'accorder de meilleures condi-
» tions, je ne puis accepter celles que vous voulez
» m'imposer. Je ferai appel à mon armée, à son hon-
» neur, et je parviendrai à faire une percée, ou je me
» défendrai dans Sedan. » (Il faut constater qu'il n'a-
vait pas l'air très-convaincu lui-même de ce qu'il disait.)

» Le général de Moltke l'interrompit alors : « J'ai
» bien, dit-il, une grande estime pour vous, j'apprécie
» votre situation et je regrette de ne pouvoir rien
» faire de ce que vous demandez ; mais quant à tenter
» une sortie, cela vous est aussi impossible que de
» vous défendre dans Sedan. Certes, vous avez des
» troupes qui sont réellement excellentes : vos infan-
» teries d'élite (il voulait dire sans doute les zouaves,
» chasseurs à pied, turcos et infanterie de marine)
» sont remarquables, votre cavalerie est audacieuse
» et intrépide, votre artillerie est admirable et nous
» a fait grand mal, trop de mal ; mais une grande
» partie de votre infanterie est démoralisée, nous
» avons fait aujourd'hui plus de 20,000 prisonniers
» non blessés . . . .

. . . .

» Il ne vous reste actuellement pas plus de 80,000
» hommes. Ce n'est pas dans de pareilles conditions
» que vous pourrez percer nos lignes, car sachez que
» j'ai autour de vous actuellement encore 240,000
» hommes et 500 bouches à feu, dont 300 sont déjà
» en position pour tirer sur Sedan. Les 200 autres y
» seront demain au point du jour. Si vous voulez
» vous en assurer, je puis faire conduire un de vos
» officiers dans les différentes positions qu'occupent
» mes troupes, et il pourra témoigner de l'exactitude
» de ce que je vous dis. Quant à vous défendre dans
» Sedan, cela vous est tout aussi impossible ; vous
» n'avez pas pour 48 heures de vivres et vous n'avez
» plus de munitions. »

» Attaquant alors une différente note, le général

de Wimpffen reprit d'un ton insinuant : « Je crois
» qu'il est de votre intérêt, même au point de vue po-
» litique, de nous accorder la capitulation honorable
» à laquelle a droit l'armée que j'ai l'honneur de com-
» mander. Vous allez faire la paix, et sans doute vous
» désirez la faire bientôt : plus que toute autre, la
» nation française est généreuse et chevaleresque, et
» par conséquent sensible à la générosité qu'on lui
» témoigne, et reconnaissante des égards qu'on a
» pour elle ; si vous nous accordez des conditions
» qui puissent flatter l'amour-propre de l'armée, le
» pays en sera également flatté, cela diminuera aux
» yeux de la nation l'amertume de sa défaite, et une
» paix conclue sous de pareilles auspices aura chance
» d'être durable, car vos procédés généreux auront
» ouvert la porte à un retour vers des sentiments ré-
» ciproquement amicaux, tels qu'ils doivent exister
» entre deux grandes nations voisines, et tels que
» vous devez les désirer.

» En persévérant, au contraire, dans des mesures
» rigoureuses à notre égard, vous exciteriez à coup
» sûr la colère et la haine dans le cœur de tous les
» soldats ; l'amour-propre de la nation tout entière
» sera offensé grièvement ; car elle se trouvera soli-
» daire de son armée, et ressentira les mêmes émo-
» tions qu'elle. Vous réveillerez ainsi tous les mauvais
» instincts endormis par le progrès de la civilisation,
» et vous risquerez d'allumer une guerre intermina-
» ble entre la France et la Prusse. »

« Ce fut cette fois M. de Bismarck qui se chargea de
répondre ; il le fit en ces termes :

« Votre argumentation, général, paraît au premier
» abord sérieuse, mais elle n'est au fond que spécieuse
» et ne peut soutenir la discussion. Il faut croire en
» général fort peu à la reconnaissance, et en particu-
» lier nullement à celle d'un peuple; on peut croire
» à la reconnaissance d'un souverain, à la rigueur à
» celle de sa famille; on peut même en quelques cir-
» constances y ajouter une foi entière, mais je le ré-
» pète, il n'y a rien à attendre de la reconnaissance
» d'une nation. Si le peuple français était un peuple
» comme les autres, s'il avait des institutions solides,
» si, comme le nôtre, il avait le culte et le respect de
» ses institutions, s'il avait un souverain établi sur le
» trône d'une façon stable, nous pourrions croire à la
» gratitude de l'Empereur et à celle de son fils, et atta-
» cher un prix à cette gratitude, mais en France, de-
» puis quatre-vingts ans, les gouvernements ont été si
» peu durables, si multipliés, ils ont changé avec une
» rapidité si étrange et si en dehors de toute prévision,
» que l'on ne peut compter sur rien de votre pays, et
» que fonder des espérances sur l'amitié d'un souve-
» rain français serait, de la part d'une nation voisine,
» un acte de démence, *ce serait vouloir bâtir en l'air.*
» Et, d'ailleurs, ce serait folie que de s'imaginer
» que la France pourrait nous pardonner nos succès;
» vous êtes un peuple irritable, envieux, jaloux et
» orgueilleux à l'excès. Depuis deux siècles, la France
» a déclaré *trente fois* la guerre à la Prusse (se re-
» prenant), à l'Allemagne; et, cette fois-ci vous
» nous l'avez déclarée comme toujours par jalousie,
» parce que vous ne pouviez nous pardonner notre

» victoire de Sadowa, et pourtant Sadowa ne vous
» avait rien coûté et n'avait pu en rien atteindre
» votre gloire; mais il vous semblait que la vic-
» toire était un apanage qui vous était unique-
» ment réservé, que la gloire des armes était pour
» vous un monopole; vous n'avez pu supporter à côté
» de vous une nation aussi forte que vous, vous n'a-
» vez pu nous pardonner Sadowa, où vos intérêts ni
» votre gloire n'étaient nullement en jeu. Et vous
» nous pardonneriez le désastre de Sedan? Jamais!
» Si nous faisions maintenant la paix, dans cinq ans,
» dans dix ans, dès que vous le pourriez, vous re-
» commenceriez la guerre, voilà toute la reconnais-
» sance que nous aurions à attendre de la nation
» française!!! Nous sommes, nous autres, au
» contraire de vous, une nation honnête et paisible,
» que ne travaille jamais le désir des conquêtes et
» qui ne demanderait qu'à vivre en paix, si vous ne
» veniez constamment nous exciter par votre hu-
» meur querelleuse et conquérante. (Je ne pus m'em-
» pêcher, en entendant ces mots, de songer à ces
» adroits faiseurs d'affaires, qui, après avoir dé-
» pouillé quelqu'un, crient plus fort que lui : au vo-
» leur!) Aujourd'hui, c'en est assez; il faut que la
» France soit châtiée de son orgueil, de son carac-
» tère agressif et ambitieux; nous voulons pouvoir
» enfin assurer la sécurité de nos enfants, et pour
» cela il faut que nous ayons entre la France et nous
» un glacis; il faut un territoire, des forteresses et
» des frontières qui nous mettent pour toujours à
» l'abri de toute attaque de sa part. »

» Le général de Wimpffen répondit à M. de Bismarck :

« Votre Excellence se trompe dans le jugement
» qu'elle porte sur la nation française : vous en êtes
» resté à ce qu'elle était en 1815, et vous la jugez
» d'après les vers de quelques poètes ou les écrits de
» quelques journaux. Aujourd'hui les Français sont
» bien différents ; grâce à la prospérité de l'Empire,
» tous les esprits sont tournés à la spéculation, aux
» affaires, aux arts ; chacun cherche à augmenter la
» somme de son bien-être et de ses jouissances, et
» songe bien plus à ses intérêts particuliers qu'à
» la gloire. On est tout prêt à proclamer en France
» la fraternité des peuples. Voyez l'Angleterre ! Cette
» haine séculaire qui divisait la France et l'Angle-
» terre, qu'est-elle devenue ? Les Anglais ne sont-
» ils pas aujourd'hui nos meilleurs amis ? Il en sera
» de même pour l'Allemagne si vous vous montrez
» généreux, si des rigueurs intempestives ne vien-
» nent pas ranimer des passions éteintes . . . . .
» . . . . »

» À cet instant, M. de Bismarck reprit la parole ; il
avait fait un geste de doute en entendant vanter l'a-
mitié existant, suivant le général de Wimpffen, entre
» la France et l'Angleterre. « Je vous arrête ici, géné-
» ral ; non la France n'est pas changée, c'est elle qui
» a voulu la guerre, et c'est pour flatter cette manie
» populaire de la gloire, dans un intérêt dynastique,
» que l'Empereur Napoléon III est venu nous provo-
» quer ; nous savons bien que la partie raisonnable et
» saine de la France ne poussait pas à la guerre ;

» néanmoins elle en a accueilli l'idée volontiers;
» nous savons bien que ce n'était pas l'armée non
» plus qui nous était le plus hostile; mais la partie
» de la France qui poussait à la guerre, c'est celle
» qui fait et défait les gouvernements. Chez vous,
» c'est la populace, ce sont aussi les journalistes (et
» il appuya sur ce mot), ce sont ceux-là que nous vou-
» lons punir; il faut pour cela que nous allions à Pa-
» ris. Qui sait ce qui va se passer? Peut-être se for-
» mera-t-il chez vous un de ces gouvernements qui
» ne respecte rien, qui fait des lois à sa guise, qui ne
» reconnaîtra pas la capitulation que vous aurez si-
» gnée pour l'armée, qui forcera peut-être les offi-
» ciers à violer les promesses qu'ils nous auraient
» faites, car on voudra, sans doute, se défendre à tout
» prix. Nous savons bien qu'en France on forme vite
» des soldats; mais de jeunes soldats ne valent pas
» des soldats aguerris, et d'ailleurs, ce qu'on n'im-
» provise pas, c'est un corps d'officiers, ce sont
» même les sous-officiers. Nous voulons la paix, mais
» une paix durable, et dans les conditions que je
» vous ai déjà dites; pour cela, il faut que nous met-
» tions la France dans l'impossibilité de nous résis-
» ter. Le sort des batailles nous a livré les meilleurs
» soldats, les meilleurs officiers de l'armée française;
» les mettre gratuitement en liberté pour nous expo-
» ser à les voir de nouveau marcher contre nous se-
» rait folie; ce serait prolonger la guerre, et l'intérêt
» de nos peuples s'y oppose. (Ils semblaient se re-
» garder en cet instant comme déjà maîtres de la
» France, par suite de notre défaite.) Non, général,

» quel que soit l'intérêt qui s'attache à votre posi-
» tion, quelque flatteuse que soit l'opinion que nous
» avons de votre armée, nous ne pouvons acquiescer
» à votre demande et changer les premières condi-
» tions qui vous ont été faites. » — « Eh bien, répliqua
» avec dignité le général de Wimpffen, il m'est égale-
» ment impossible à moi de signer une telle capitu-
» lation ; nous recommencerons la bataille. » — Le général Castelnau prenant alors la parole dit d'une voix
hésitante : « Je crois l'instant venu de transmettre
» le message de l'Empereur. — Nous vous écoutons,
» général, dit M. de Bismarck.— L'Empereur, continua
» le général Castelnau, m'a chargé de faire remarquer
» à *Sa Majesté* le roi de Prusse, qu'il lui avait envoyé
» son épée sans condition, et s'était *personnellement*
» rendu absolument à sa merci, mais qu'il n'avait agi
» ainsi que dans l'espérance que le roi serait touché
» d'un si complet abandon, qu'il saurait l'apprécier,
» et qu'en cette considération il voudrait bien accor-
» der à l'armée française une capitulation plus hono-
» rable et telle qu'elle y a droit par son courage. »
    « — Est-ce tout ? demanda M. de Bismarck. --
» Oui, répondit le général.—Mais quelle est l'épée qu'a
» rendue l'Empereur Napoléon III ? *Est-ce l'épée de la*
» *France* ou *son épée à lui ?* Si c'est celle de la France,
» les conditions peuvent être singulièrement modi-
» fiées *et votre message aurait un caractère des plus gra-*
» *ves.*—C'est seulement *l'épée de l'Empereur*, reprit le
» général Castelnau. » — En ce cas, reprit en hâte,
presqu'avec joie, le général de Moltke, cela ne change
rien aux conditions, et il ajouta « l'Empereur obtiendra

pour sa personne tout ce qu'il lui plaira de demander. »
(Il me parut qu'il pouvait bien y avoir une secrète
divergence d'opinion entre M. de Bismarck et le général
de Moltke, et que le premier n'aurait pas été fâché, au
fond, de terminer la guerre, tandis que le général
désirait, au contraire, la continuer.)

» Aux dernières paroles du général de Moltke, le
général de Wimpffen répéta : « Nous recommence-
» rons la bataille. — La trêve, répliqua le général
» de Moltke, expire demain à quatre heures du matin.
» A quatre heures précises, j'ouvrirai le feu. »

» Nous étions tous debout, on avait fait demander
nos chevaux. Depuis les dernières paroles, on n'avait
pas prononcé un mot : ce silence était glacial.

» Reprenant en ce moment la parole, M. de Bismarck
dit au général Wimpffen : « Oui, général, vous avez
» de vaillants et d'héroïques soldats, je ne doute pas
» qu'ils ne fassent demain des prodiges de valeur, et
» ne nous causent des pertes sérieuses; mais à quoi
» cela servirait-il? Demain soir, vous ne serez pas
» plus avancé qu'aujourd'hui, et vous aurez seulement
« sur la conscience le sang de vos soldats et des nô-
» tres que vous aurez fait couler inutilement : qu'un
» moment de dépit ne vous fasse pas rompre la con-
» férence; M. le général de Moltke va vous convain-
» cre, je l'espère, que tenter de résister serait folie de
» votre part. »

» On se rassit, et le général de Moltke reprit en ces
termes :

« Je vous affirme de nouveau qu'une percée ne
» pourra jamais réussir, quand même vos troupes

5

» seraient dans les meilleures conditions possibles :
» car, indépendamment de la grande supériorité
» numérique de mes hommes et de mon artillerie,
» j'occupe des positions d'où je puis brûler Sedan
» dans quelques heures ! Ces positions commandent
» toutes les issues par lesquelles vous pouvez essayer
» de sortir du cercle où vous êtes enfermés, et sont
» tellement fortes, qu'il est impossible de les enlever.
   » Oh ! elles ne sont pas aussi fortes que vous voulez
» le dire, ces positions, interrompit le général de
» Wimpffen. — Vous ne connaissez pas la topogra-
» phie des environs de Sedan, répliqua le général de
» Moltke, et voici un *détail bizarre et qui peint bien vo-*
» *tre nation présomptueuse et inconséquente ; à l'entrée*
» *de la campagne, vous avez fait distribuer à tous vos*
» *officiers, des cartes de l'Allemagne, alors que vous*
» *n'aviez pas le moyen d'étudier la géographie de*
» *votre pays, puisque vous n'aviez pas les cartes de*
» *votre propre territoire.* Eh bien ! moi, je vous dis
» que nos positions sont, non-seulement très-fortes,
» mais formidables et inexpugnables. » Le général de
Wimpffen ne trouva rien à répondre à cette sortie,
dont il pouvait apprécier la force et la vérité. — Au
bout d'un instant, il reprit : « Je profiterai, géné-
» ral, de l'offre que vous avez bien voulu me faire au
» début de la conférence ; j'enverrai un officier voir
» ces forces formidables dont vous me parlez, et à
» son retour je verrai et prendrai décision.
   » — Vous n'enverrez personne, c'est inutile, répli-
» qua le général de Moltke sèchement, vous pouvez me
» croire ; et, d'ailleurs, vous n'avez pas longtemps à

» réfléchir, car il est minuit, c'est à quatre heures
» du matin qu'expire la trève et je ne vous accorderai
» pas un instant de sursis. »

« Pourtant, fit observer le général de Wimpffen,
» qui abandonna, du reste, sans plus insister, le pro-
» jet de faire vérifier les positions de l'ennemi, pour-
» tant vous devez bien comprendre que je ne puis
» prendre seul une telle décision ; il faut que je con-
» sulte mes collègues ; je ne sais où les trouver tous
» à cette heure dans Sedan, et il me sera impossible
» de vous donner une réponse pour quatre heures. Il
» est donc indispensable que vous m'accordiez une
» prolongation de trève.

» Comme le général de Moltke refusait opiniâtré-
ment, M. de Bismarck se pencha vers lui et lui mur-
mura à l'oreille quelques mots qui me parurent signi-
fier que le Roi arriverait à neuf heures et qu'il fallait
l'attendre. Ce colloque à voix basse terminé, le général de Moltke dit en effet au général de Wimpffen
qu'il consentait à lui accorder jusqu'à neuf heures ;
mais que ce serait la dernière limite.

» La conférence était terminée ou à peu près ; on
discuta encore quelques détails, on dispensa les soldats français de rendre eux-mêmes leurs armes, on
promit de laisser aux officiers tout ce qui leur appar-
tiendrait, armes, chevaux, etc. (Plus tard, ces dernières conditions ne furent pas remplies.)

» Je jugeai, dès ce moment, que la capitulation
était décidée en principe par le général de Wimpffen,
et que si il ne la signait pas immédiatement c'était
pour sauver les apparences et aussi pour tâcher de

diminuer la responsabilité qui lui incombait fatalement, en la faisant partager autant que possible par
les autres généraux. . . . . »

Réunion des
commandants
de corps d'ar-
mée et des gé-
néraux de di-
vision. — Pro-
testation des
généraux Pellé
et de Belle-
mare.

Le lendemain matin, les commandants de corps
d'armée et les généraux de division furent convoqués
pour prendre connaissance des termes de la capitulation.

Le général de Bellemare dit que ces conditions
étaient inacceptables; qu'il fallait se défendre dans
la place.

Sur l'observation du chef d'état-major, déclarant
qu'il n'y avait pas dans toute la ville une journée de
vivres, le général Pellé proposa une sortie. Mais quand
on eut appris à cet officier général que l'ennemi tenait
les portes et que c'était lui qui, le matin, avait ouvert
les barrières aux parlementaires, les généraux Pellé
et de Bellemare comprirent comme tout le monde
qu'une nouvelle lutte n'aboutirait qu'à un massacre
inutile de milliers d'hommes; et adhérèrent à la capitulation.

L'Empereur
venu se cons-
tituer prison-
nier, ne peut
obtenir une en-
trevue avec le
roi de Prusse
avant que la
capitulation ne
soit signée.

L'Empereur qui, la veille au soir, avait adressé au
roi de Prusse la lettre suivante : « Mon bon frère,
» n'ayant pu mourir au milieu de mes troupes, il ne
» me reste qu'à remettre mon épée entre les mains
» de Votre Majesté, » était allé dès le matin se constituer prisonnier; il espérait voir le Roi et obtenir de
meilleures conditions pour l'armée. Mais on empêcha
Sa Majesté de se trouver en contact avec le souverain
allemand avant que le général de Wimpffen n'eut

apposé sa signature au bas du protocole. A dix
heures, le général arrivait au camp prussien; à onze
heures tout était consommé. Quelques minutes après,
Napoléon III voyait le roi Guillaume.

Pendant que se terminait au quartier général allemand ce drame pénible, sans exemple dans notre
histoire, à l'intérieur de Sedan les généraux et les
états-majors s'étudiaient à remettre un peu d'ordre
dans notre malheureuse armée et à lui faire distribuer quelques vivres. Conformément aux ordres
venus de l'état-major prussien, les armes sont laissées dans la ville sur les emplacements que les troupes occupaient et l'armée se rend dans la presqu'île
que forme la Meuse en contournant le village d'Iges.
C'est là que plus de 70,000 hommes furent parqués
pendant près de quinze jours sur un sol marécageux
et entièrement détrempé par des pluies torrentielles.

Dès le 4 septembre, le général commandant en
chef, sans plus s'inquiéter de son armée, était parti
pour Stuttgardt, après avoir prié le général de Moltke
de lui accorder l'autorisation d'emmener « ses deux
vieux chevaux,... bêtes hors d'âge, disait-il, et incapables de faire un bon service de guerre. »

D'autres généraux furent plus soucieux de leurs
soldats.

Le commandant du 1er corps se rendit à Donchéry
pour obtenir du prince royal une distribution de vivres et régler la question du transport des officiers (1).

(1) Ce fut là que le général Ducrot eut avec le général de Blümenthal
l'entretien rapporté plus haut et recueillit de la bouche du prince
royal les paroles échappées au Roi en voyant charger notre cavalerie.

Il ne put recevoir à ce sujet que des promesses
vagues, qui ne furent même qu'imparfaitement remplies.

De retour au camp des prisonniers de Glaire, le général s'occupa d'organiser une sorte d'administration
provisoire pour diriger les distributions. Il sollicita
de l'état-major allemand l'autorisation de demeurer
au camp de Glaire jusqu'à complète évacuation.
Moins heureux que le général de Wimpffen, il se vit
refuser ce qu'il demandait et reçut l'ordre impératif
de partir le 7. — Il avait donné sa parole d'honneur
d'être rendu le 11 avant midi à Pont-à-Mousson.
Avant l'heure fixée il venait se remettre entre les
mains de l'autorité allemande.

Dans une lettre au gouverneur de Paris, et repro-
duite pendant le siége, le général a expliqué en détail
comment il s'était soustrait à la captivité. Le comte
de Bismarck a été obligé de s'incliner devant les faits
et devant les sommations énergiques du général
Ducrot. Les documents reproduits à la fin de ce travail prouvent surabondamment le droit qu'avait le
général d'agir comme il le fit. Il est donc inutile de
revenir sur cet incident.

Avant de quitter la plume, qu'il nous soit permis
de faire quelques réflexions sur les conséquences et
les suites d'une retraite plus ou moins heureuse de
l'armée.

Aurions-nous fini par triompher?

Avouons-le!!! nos chances, bien qu'augmentées, n'auraient pu faire pencher tout à fait la balance de notre côté. . . Mais très-certainement la lutte eût été si acharnée, la victoire si chèrement achetée, que nos ennemis n'auraient jamais pu nous imposer les humiliantes conditions que nous subissons aujourd'hui.

Les regrets comme les récriminations ne changeront, hélas! rien aux tristes événements accomplis.....

Puisse seulement notre patrie profiter de cette dure leçon.

Tout d'abord il faut être bien convaincu que nos malheurs pouvaient être différés, ou moins rapides, ou moins écrasants, mais qu'ils étaient inévitables...

Lorsque dans deux pays voisins, chez l'un on érige en principe : qu'un homme, moyennant une somme d'argent peut se faire remplacer à l'armée, s'arranger une vie facile, exempte de souffrances et de dangers...

Chez l'autre : que tout citoyen marié ou célibataire, riche ou pauvre, doit, comme premier acte de sa vie d'homme, s'exercer aux armes, s'endurcir aux fatigues, se plier à la discipline.

Qu'arrive-t-il?

Les hommes du premier pays, malgré leur glorieux passé, ne tardent pas à s'énerver... faibles de bras, ils deviennent faibles de cœur... incapables de rien : ils ne croient à rien : Dieu... patrie, grandeurs et gloire militaire sont pour eux des hypothèses,... des mots... Ils rient de ces barbares qui croient à toutes ces choses...

Bientôt ils fuiront devant eux!!...

Cependant ceux-ci, travailleurs, instruits, aguerris, disciplinés, mais jaloux, haineux, pleins d'appétits grossiers et brutaux convoitent ardemment le luxe et la richesse qu'affichent leurs vaniteux voisins avec une fastueuse ostentation (1)... Ils n'attendent que l'instant favorable... pour se jeter sur cette proie magnifique... La partie leur est assurée, car ils savent qu'en dehors de quelques milliers d'hommes généreux et braves, qu'ils écraseront sous leurs masses, ils ne rencontreront que faiblesse et impuissance...

Et bientôt ce Français qui pensait que la vie était une succession de joies et de plaisirs... voit sa maison envahie, saccagée, pillée... brûlée...

C'est en vain qu'il tente un semblant de défense... cet ancien maître du monde ne sait plus tenir une arme... Comment le saurait-il? Le temps qu'il n'a pas consacré à l'accroissement de sa fortune ou à ses plaisirs, il l'a passé à applaudir ses rhéteurs favoris, prêchant la confraternité des nations et le désarmement des peuples...

Si nous voulons renaître...

Nous avons, ne nous le dissimulons pas, beaucoup à faire...

Persuadons-nous tout d'abord que le sentiment du devoir prime le sentiment du droit... Faisons rigoureusement notre devoir, tout notre devoir... Nous nous corrigerons ainsi de notre oisiveté, de notre ignorance, de notre indiscipline et de bon nombre de vices qui nous rongent.

(1) Exposition universelle de 1867.

Parlons un peu moins de la revanche et travaillons beaucoup pour la rendre possible.

Enfin, que tous les partis se pardonnent réciproquement leurs erreurs, oublient leurs querelles, se donnent loyalement la main pour relever notre chère patrie; plus que jamais, elle a besoin de l'appui de tous ses enfants,

Un dernier mot à l'armée. . . qui, si coupable qu'elle ait été, l'a plus encore chèrement expié.

Mais il ne suffit pas de laver ses fautes dans le sang, il faut ne plus les recommencer. . .

Qu'à sa devise : HONNEUR ET PATRIE. . . devise dont elle ne s'est pas départie, elle ajoute : TRAVAIL ET DISCIPLINE !!!

Général A. DUCROT.

PIÈCES A L'APPUI

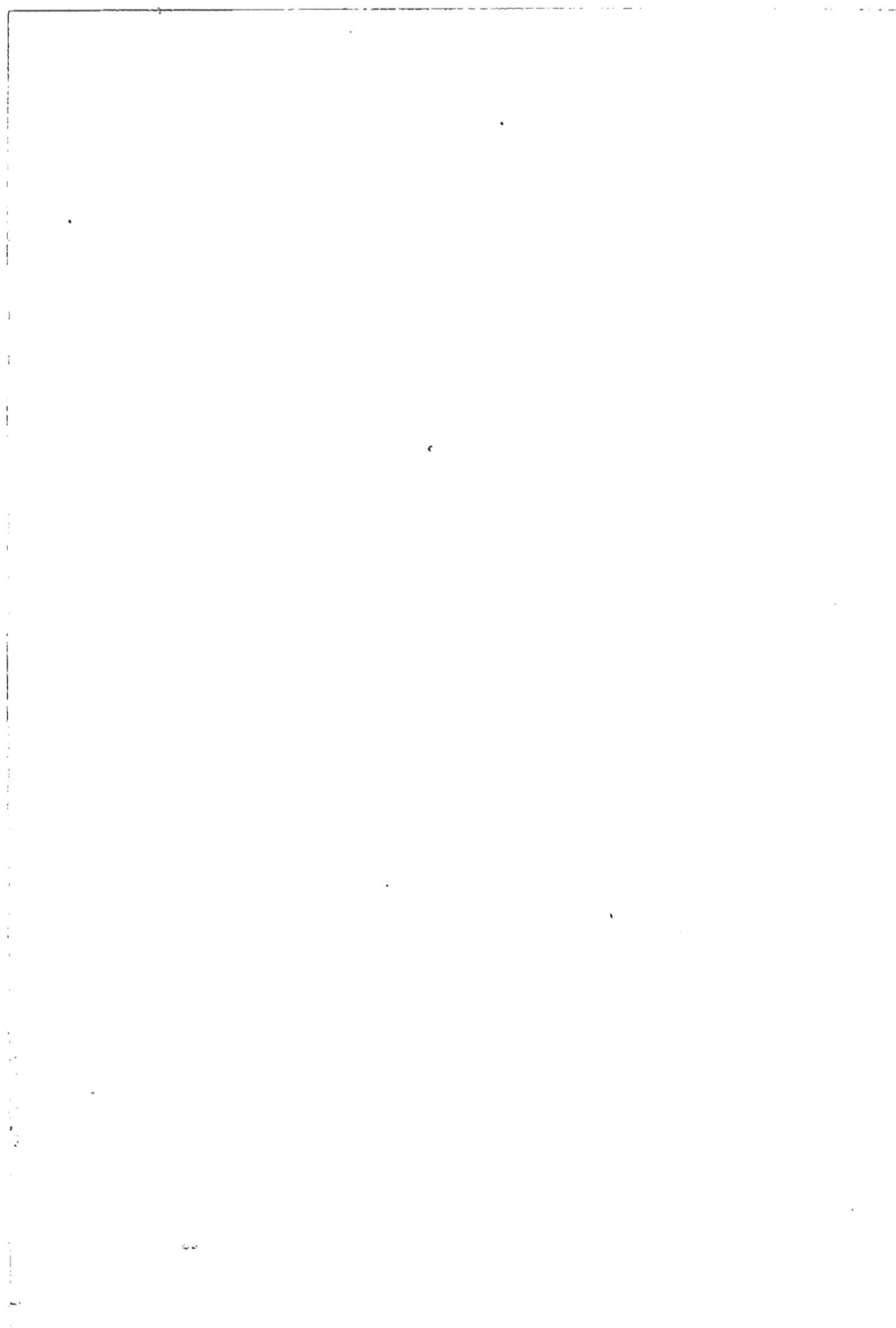

Lettre du général Trochu au général Ducrot.

Versailles, le 24 août 1871.

Mon cher général,

Dans un livre que vient de publier le général de Wimpffen sur la douloureuse affaire de Sedan, je lis un passage où il annonce qu'il m'a adressé à Paris son rapport sur l'événement, et que si je n'ai pas fait publier ce rapport, qu'il juge compromettant pour vous, c'est par suite d'une entente entre vous et moi, qu'expliquent les sentiments d'amitié qui nous lient.

J'oppose à ces dires et à l'insinuation qu'ils renferment la dénégation la plus catégorique et la plus absolue. J'affirme avec tous les officiers de mon cabinet chargés de l'ouverture des dépêches, avec mon chef d'état-major général chargé de leur donner suite, que je n'ai jamais reçu ce rapport, dont l'existence ne m'est révélée, malgré la publicité que lui aurait donnée un ami du général, que par le livre dont il s'agit.

J'ajoute que je ne puis m'expliquer à quel titre le commandant en chef de l'armée française, prisonnier avec l'Empereur, aurait adressé ce rapport au gouverneur de Paris, président du Gouvernement de la

Défense. Je doute que le général Le Flô, alors ministre de la guerre, l'ait reçu plus que moi. Il n'aurait pas manqué de me communiquer ce document relatif à des événements dont, à la veille d'être investis par l'ennemi, nous étions très-incomplétement informés dans leurs détails.

Mille amitiés.

Général TROCHU.

Rapport de M. le général de Wimpffen sur la bataille de Sedan, enregistré sur le registre de correspondance de l'état-major général de l'armée de Châlons (1).

Monsieur le Ministre,

J'ai l'honneur d'exposer à Votre Excellence la situation dans laquelle j'ai trouvé l'armée au moment

---

(1) Ce rapport a été écrit à Sedan, c'est-à-dire le 2 ou le 3 septembre, puisque M. le général de Wimpffen est parti pour la Belgique le 4. Nous ignorons s'il a été envoyé au ministre, mais il est certain qu'il a été enregistré sur le registre de correspondance de l'état-major général.

Quelques jours après, M. le général de Wimpffen a fait un second rapport qui est daté de Fays-les-Veneurs (Belgique), le 5 septembre. C'est celui qui est reproduit dans son livre (page 193).

En comparant ces deux documents, l'on sera certainement porté à penser que, même après la bataille, le général de Wimpffen ne savait pas encore au juste ce qu'il avait voulu faire pendant l'action. — Si, comme il le dit dans sa polémique avec le général Lebrun (page 283), la première impression est la plus vraie, l'on sera tenté de s'en rapporter au premier rapport, qui concorde beaucoup mieux que le second avec le récit du général Ducrot.

où j'en ai pris le commandement, après la blessure du maréchal de Mac-Mahon. Je ferai suivre cet exposé du récit des incidents qui se sont produits sur le champ de bataille et après le combat.

Ainsi que je vous l'ai déjà fait connaître, l'armée concentrée sous Sedan avait pris position sur la rive droite de la Meuse, la droite à Bazeilles, la gauche à Givonne ; les corps d'armée étaient placés dans l'ordre suivant : le 12ᵉ à droite, à sa gauche le 1ᵉʳ et le 5ᵉ, et le 7ᵉ à l'extrême gauche. A quatre heures et demie du matin le 12ᵉ corps était vivement attaqué et la lutte ne tarda pas à devenir générale.

A neuf heures, lorsque nos troupes étaient partout vigoureusement engagées, je pris le commandement de l'armée, bien décidé à prolonger une lutte disproportionnée le plus longtemps possible, *dans l'espoir de trouver un moment opportun pour me faire jour au milieu de l'armée ennemie qui nous enveloppait de tous côtés, et dont la force était d'environ 220,000 hommes.* Un projet formé par le général Ducrot, et qui avait déjà reçu un commencement d'exécution, consistait à percer la ligne ennemie sur Illy ; *ce mouvement me paraissant inopportun et même dangereux,* au moment où on le commençait, je donnai l'ordre de le suspendre. Toutefois je me portai auprès du général Douay pour mieux me rendre compte de la situation des troupes engagées sur notre ligne de retraite. Là, j'acquis la conviction que ce mouvement ne pourrait *s'opérer que par surprise* et à la condition de *prolonger le combat jusqu'à la nuit.* En effet, des masses d'infanterie, de cavalerie et d'artillerie disposées par l'ennemi sur la ligne de retraite, prouvaient qu'il s'était mis en mesure de déjouer cette tentative. *Je revins me placer au centre de la vaste circon-*

férence que défendaient nos troupes, afin de mieux suivre les péripéties d'une lutte qui, par moments; *me donnait l'espoir du succès.* Vers trois heures de l'après-midi, voyant mes troupes faiblir sous un épouvantable feu d'artillerie qui ne laissait aucun point du champ de bataille intact, je me portai de nouveau dans la direction d'Illy, et en voyant la position formidable prise par l'ennemi sur ce point, je compris que toute retraite était impossible de ce côté ; *j'invitai alors le général Ducrot, commandant le 1ᵉʳ corps, à réunir tout ce qu'il pourrait trouver de troupes disponibles pour assurer le plus longtemps possible, avec l'aide du 1ᵉʳ corps, notre maintien sur le plateau d'Illy ;* d'un autre côté, recevant du général Lebrun, commandant le 12ᵉ corps l'avis que nous avions une certaine supériorité sur ce point, je pris la détermination d'appeler à moi toutes les forces restées disponibles des 1ᵉʳ et 5ᵉ corps, conservant en réserve le 7ᵉ corps et des fractions du 1ᵉʳ, pour faire effort de ce côté, et tenter de m'ouvrir un passage dans la direction de Carignan. *L'ennemi céda devant moi ;* mais pendant que s'opérait ce retour offensif, *les troupes placées sur le plateau d'Illy étaient écrasées par des forces supérieures et refoulées dans la place.* Les troupes du général Lebrun, avec lesquelles j'avais fait ce mouvement offensif dans la direction de Carignan, mouvement que j'avais poussé jusqu'au delà du village de Balan, étant trop peu nombreuses, je dus à mon tour me replier dans la ville. Pendant que le mouvement s'accomplissait, l'Empereur, jugeant la situation désespérée, faisait arborer sur la citadelle un drapeau blanc pour demander un armistice, et le feu cessait peu de temps après.

A six heures du soir, l'Empereur me fit appeler

pour me charger des négociations, en ce qui concer-
nait les troupes; et c'est alors que me fut connue la
véritable situation des troupes, qui n'avaient plus
qu'un jour de vivres et dont les munitions étaient
presque entièrement épuisées. Comme d'ailleurs la
ville était sans ressources, j'acceptai la douloureuse
mission de me transporter auprès de M. le comte de
Moltke, désigné par le roi de Prusse pour traiter des
conditions relatives à l'armée. Au bout de quelques
instants d'entretien, j'acquis la certitude que le comte
de Moltke avait malheureusement la connaissance
très-exacte de notre situation et de notre dénûment
complet en vivres et en munitions.

M. de Moltke m'apprit que dans la journée d'hier,
nous avions combattu contre une armée de 220,000
hommes qui nous entourait de toutes parts : « Géné-
» ral, me dit-il, nous sommes disposés à faire à votre
» armée, qui s'est si vaillamment battue aujourd'hui,
» les conditions les plus honorables. Nous deman-
» dons que l'armée française capitule; elle sera pri-
» sonnière de guerre. Les officiers conserveront leur
» épée et leurs propriétés personnelles : les armes de
» la troupe seront disposées dans un magasin de la
» ville pour nous être livrées. » Mon premier mouvement fut de refuser de semblables conditions, et je
revins sans avoir rien arrêté; mais le lendemain, de
grand matin, je convoquai un conseil de guerre composé des commandants de corps d'armée, des généraux commandant les divisions, et des commandants
en chef de l'artillerie et du génie de l'armée. Après
un examen sérieux de la situation de l'armée et de la
place, il fut reconnu à l'unanimité qu'il y avait impossibilité absolue de se défendre, et que par suite
nous étions dans l'obligation d'accepter les conditions

6

qui nous étaient imposées. Il me restait donc à les obtenir aussi peu humiliantes que possible, et je me rendis immédiatement au quartier général du roi de Prusse, où fut signée la convention dont je vous adresse ci-joint la copie.

Votre Excellence remarquera que les troupes sont dispensées des formalités blessantes, souvent exigées dans de semblables circonstances, et que les officiers sont laissés libres à la condition de ne pas servir pendant la guerre. J'ajouterai que *sans des raisons politiques se rattachant à l'instabilité des gouvernements en France,* j'aurais certainement obtenu des conditions plus douces encore. M. de Moltke et M. de Bismarck m'ont répété à plusieurs reprises que ces considérations seules les empêchaient de rendre à l'armée tous les honneurs que méritait, à leurs yeux, son héroïque défense.

Je ne connais pas encore le chiffre de nos pertes; mais elles sont très-considérables, et l'ennemi nous a fait beaucoup de prisonniers.

Campagne de 1870. — Journal des marches et opé-
rations du 1ᵉʳ corps d'armée, à partir du camp de
Châlons, par le commandant Corbin, sous chef
d'état-major général.

Séjour au camp de Châlons.

Le 1ᵉʳ corps de l'armée du Rhin arriva le 15 et le
16 août au camp de Châlons, où le 12ᵉ corps était déjà
concentré et où le 5ᵉ et le 7ᵉ n'allaient pas tarder à arriver.
Ces troupes diverses furent réunies sous les ordres du
maréchal de Mac-Mahon et composèrent l'armée de
Châlons; le commandement du 1ᵉʳ corps devenu va-
cant fut confié au général Ducrot, qui en commandait
la première division. Le maréchal de Mac-Mahon
ayant emmené avec lui l'état-major général du
1ᵉʳ corps, cet état-major dut être reconstitué par le
général Ducrot avec de jeunes officiers de différentes
armes pris dans les régiments sous ses ordres, et eut
pour chef et sous-chef le colonel Robert et le commandant Corbin.

Les autres corps qui composaient, avec le 1ᵉʳ, l'armée de Châlons étaient : le 5ᵉ (de Failly), qui venait
d'escorter le 1ᵉʳ corps dans sa retraite et qui, sans
avoir combattu, était tout autant désorganisé; le
7ᵉ (Douay), dont une division (Conseil-Dumesnil)
avait été adjointe depuis le 5 août au 1ᵉʳ corps et dont
les deux autres divisions et la cavalerie arrivaient de
Belfort en passant par Paris; et enfin le 12ᵉ corps (Lebrun), récemment formé avec une division d'infanterie de marine et deux divisions d'infanterie de
ligne; une partie des troupes de ce corps d'armée
appartenaient au 6ᵉ corps qu'elles n'avaient pu rejoindre. Les deux divisions de cavalerie de Bonnemain et
Margueritte formaient la réserve de cavalerie de l'armée de Châlons.

Le 1ᵉʳ corps devait séjourner au camp de Châlons jusqu'au 20. Ces quelques journées furent employées par le général commandant le corps d'armée à donner aux troupes le repos dont elles avaient besoin, à combler en partie les vides produits dans les cadres, à reconstituer les effectifs à l'aide des détachements d'hommes de la réserve que l'on expédiait sur ce point, et enfin à restituer aux soldats les effets de campement et d'équipement dont la plupart d'entr'eux se trouvaient dépourvus. Malheureusement, les ressources fournies par les magasins du camp se trouvèrent insuffisantes et même après avoir retiré leurs sacs aux gardes nationaux mobiles de la Seine qui étaient au camp et que l'on renvoyait à Paris, il fut impossible de donner plus d'un sac environ pour deux hommes. Les batteries d'artillerie, dont plusieurs se trouvaient désorganisées, furent autant que possible reconstituées ; les parcs complétèrent leurs approvisionnements. Les ambulances, qui avaient presque toutes été prises à Frœschwiller, furent réorganisées et rejoignirent le corps d'armée quelques jours plus tard.

Quant aux moyens de transport, qui avaient également en grande partie disparu, il y fut suppléé par un certain nombre de voitures du train que l'on mit à la disposition des états-majors et des corps. — En dernier lieu, le 8ᵉ et le 9ᵉ cuirassiers, qui avaient considérablement souffert dans les admirables charges tentées par eux à Frœchwiller, présentaient un effectif tellement réduit, que ces deux régiments durent être fondus en un seul. Les hommes disponibles du 9ᵉ furent versés dans le 8ᵉ, et ce qui restait des cadres du 9ᵉ fut renvoyé à Paris pour y servir de base à une formation nouvelle.

L'exécution de ces différentes mesures était à peu près terminée, lorsqu'arriva l'ordre de départ. Par suite des dispositions adoptées, l'armée devait se mettre en mouvement le 21 au matin et gagner Reims, pour se porter de là, par Soissons, dans la direction de Paris, et couvrir les abords de la capitale. Le 1ᵉʳ corps se dirigea, par la grande route de Reims et une petite route parallèle située plus à l'Ouest, vers les deux villages d'Ormes et de Thillois, à cinq kilomètres de Reims, et qui constituaient le gîte d'étape indiqué. Mais le général Ducrot, après avoir au préalable fait reconnaître ces emplacements, constata que l'eau potable y faisait entièrement défaut, et arrêta son corps d'armée à Cormontreuil, sur les bords de la Vesle. Les trois autres corps d'armée prenaient position aux abords de Reims, sauf la majeure partie du 7ᵉ, qui campait à Sillery. Sur ces entrefaites, le ministre de la guerre, redoutant le mauvais effet que devait produire à Paris le mouvement rétrograde de l'armée, prescrivait au maréchal de Mac-Mahon de se joindre à tout prix au maréchal Bazaine.

21 août. Départ du camp de Châlons. — Du camp à Cormontreuil (28 kilom.).

Par suite de ce changement dans les dispositions prises, la journée du 22 s'était passée sans mouvements. Dans la soirée, un ordre du maréchal faisait connaître à l'armée qu'elle allait se porter sur Montmédy. Le général commandant le 1ᵉʳ corps régla l'ordre de marche et de mouvement de son corps d'armée par les ordres 2 et 3. (Voir pages 116 et 117.)

22 août. Séjour à Cormontreuil.

Le 23 au matin, le 1ᵉʳ corps se met en route par une pluie battante, traverse la Vesle sur deux points et se porte en deux colonnes à travers les plaines crayeuses qui séparent la vallée de la Vesle de celle de la Suippe, sur Saint-Hilaire-le-Petit et Béthiniville, gîtes d'étape assignés. Les troupes sont dispo-

23 août. De Cormontreuil à Saint-Hilaire-le-Petit et Béthiniville (30 kilom.)

sées entre ces deux villages, sur les bords de la
Suippe. L'armée tout entière prend position le long de
cette petite rivière, le 7ᵉ corps à Dontrieu et Saint-
Martin, le 5ᵉ à Pont-Favarger, et le 12ᵉ à Heutrégi-
ville. La division de Bonnemain, après être restée en
arrière au camp de Châlons pour couvrir le mouvement de l'armée et détruire les approvisionnements
laissés dans les magasins du camp, occupe l'extrême
droite de la ligne, à Vaudésincourt, également sur les
bords de la Suippe. La division Margueritte est déta-
chée en avant, à Montbois, avec mission d'observer
les débouchés de l'Argonne. Le mouvement pour le
lendemain est annoncé au 1ᵉʳ corps par l'ordre du
corps d'armée n° 4. (Voir page 117.)

24 août. De
Saint - Hilaire
et Béthiniville
à Juniville (14
kilom.).

Le 24, le 1ᵉʳ corps se porte sur Juniville, le 7ᵉ sur
Semide, le 5ᵉ et le 12ᵉ sur Rethel.

Les distances étaient courtes, le temps beau ; la
marche s'exécute facilement et les troupes parviennent de bonne heure à leur gîte d'étape.

25 août. De
Juniville à At-
tigny (18 ki-
lom.).

Le 25, le 1ᵉʳ corps arrive à Attigny, où ses têtes de
colonne sont rendues à dix heures du matin. Les
divisions s'établissent à gauche et à droite de cette
Aille, les parcs et les voitures d'administration en
arrière, à cheval sur la route qui traverse Attigny par
le milieu. Les troupes renouvellent leurs approvisionnements de vivres et se munissent pour plusieurs
jours. Conformément aux ordres donnés par le maréchal commandant en chef, le général Ducrot s'était
mis en mesure d'assurer ce service et avait envoyé
dès l'avant-veille, son sous-chef d'état-major, accompagné d'un sous-intendant militaire, pour réunir sur
ce point, si c'était possible, 150,000 rations. Des ordres
analogues ayant été donnés dans chaque corps d'armée, le rayon d'approvisionnement se trouva très-

rétréci, et ce nombre ne put être atteint ; toutefois, il s'éleva à plus de 100,000 grâce à l'empressement des habitants et aux ressources fournies par le moulin de Sainte-Irénée.

Le même jour, le 7ᵉ corps se portait à Vouziers, à la droite du 1ᵉʳ, le 5ᵉ et le 12ᵉ restaient à Rethel.

L'armée se trouvait donc le 25 tout entière réunie sur les hauteurs qui bordent la rive gauche de l'Aisne.

La division Margueritte avait reçu l'ordre de se porter en avant, au Chêne-Populeux.

Ce même jour, le général Duhesme était obligé, par le mauvais état de sa santé, de remettre au général Michel le commandement de la division de cavalerie du 1ᵉʳ corps et était autorisé à se rendre à Paris, où il devait succomber quarante-huit heures après son arrivée.

L'ordre n° 5 (voir page 117) annonce au 1ᵉʳ corps le mouvement qu'il doit exécuter le lendemain.

Conformément aux ordres reçus, le 1ᵉʳ corps se porte à Semuy, sur la rive droite de l'Aisne, à huit kilomètres seulement d'Attigny. Les quatre divisions d'infanterie sont établies en avant du village de Semuy, entre Voncq et Mongon, à cheval sur le canal qui relie la Meuse à l'Aisne ; les parcs et la cavalerie, en arrière, sur les bords de la rivière.

26 août. D'Attigny à Semuy (8 kilom.).

Dans le but d'alléger les corps, le général commandant le 1ᵉʳ corps prescrit de diriger sur Mézières les hommes malingres et éclopés, et de confier les chevaux hors d'état de suivre aux municipalités les plus proches.

L'armée tout entière avait pivoté sur sa droite autour de Vouziers. Le 7ᵉ corps, qui servait de pivot au mouvement n'avait pas quitté cette ville et avait détaché une brigade et deux batteries à Grand-Pré pour

se couvrir sur son flanc droit. Le 5ᵉ corps était à Neuville, le 12ᵉ à Tourteron.

La division de cuirassiers de Bonnemain était à Attigny, et la cavalerie du général Margueritte à Oches
dans la direction de Beaumont.

Il tomba dans la journée de grandes pluies qui dé-
trempèrent fortement le sol argileux des côteaux sur
lesquels les troupes bivouaquaient. Le 1ᵉʳ corps reçut
de Rethel dans l'après-midi, par le canal, des bateaux
de vivres qui lui permirent de compléter ses approvisionnements.

Dans cette journée, vers trois heures, le maréchal
de Mac-Mahon reçut du général Douay, commandant
le 7ᵉ corps, une dépêche télégraphique conçue à peu
près dans ces termes : « Le général Bordas me fait
» savoir de Grand-Pré qu'il est en présence de forces
» très-supérieures; en conséquence il va se replier sur
» Buzancy où il a le second régiment de sa brigade.
» Je me porte à Longwé pour soutenir ce mouvement. »

A la réception de cette dépêche, le maréchal de
Mac-Mahon prit la résolution de porter toute l'armée
en avant pour appuyer le 7ᵉ corps et prendre l'offensive contre le corps ennemi qui s'était montré du côté
de Grand-Pré. Le 1ᵉʳ corps reçut l'ordre de marcher
dans la direction de Vouziers, par la route qui longe
la rive droite de l'Aisne, en passant par Voncq et Terron. Le 5ᵉ corps devait marcher sur Châtillon et Bel-
leville, et le 12ᵉ qui était à Tourteron devait venir
occuper le Chesne.

27 août. Mar-
che sur Vou-
ziers. Retour à
Voncq.

Le lendemain matin dès la pointe du jour le mouvement s'exécutait de la manière suivante : les 3ᵉ et 4ᵉ divisions, qui étaient campées sur le plateau de Voncq,
se portaient à Quatre-Champs, en passant par les
Alleux (chemin des Crêtes); la division de cavalerie,

la 1re et la 2e division se dirigeaient par la plaine
sur Terron. Le génie recevait l'ordre de retrancher le
village de Voncq, qui occupe sur les bords de l'Aisne
le sommet d'un mamelon très-favorable à la défense;
quelques troupes furent laissées sous les ordres du
général de Bellemare pour garder ce point important
qui protégeait le parc et les bagages du 1er corps.
En arrivant à l'entrée du village de Terron, la tête
de colonne du 1er corps fut arrêtée par un encombrement résultant de la présence, sur ce point, du parc
et des bagages du 7e corps que le général Douay avait
fait filer de Vouziers pendant la nuit. Au même moment arrivait le sous-chef d'état-major général de ce
corps, qui faisait savoir que le général Bordas avait
reconnu que ses appréciations sur la force des troupes
qui étaient devant lui étaient exagérées, et qu'en
conséquence au lieu de se retirer sur Buzancy, il
s'était rapproché de Vouziers en abandonnant la position de Grand-Pré; le général Douay avait alors
reporté son quartier général à Vouziers et envoyait
au parc et aux bagages l'ordre de revenir sur ce point.
— En présence de ces renseignements, le 1er corps
arrête son mouvement, les troupes se massent en
arrière de Quatre-Champs et de Terron, et le sous-
chef d'état-major général est envoyé au maréchal
commandant en chef qui se trouvait au Chesne pour
lui faire connaître la situation et prendre ses ordres.
Il revint, rapportant les instructions suivantes : « Con-
servez les positions que vous occupez et attendez les
ordres que je vous adresserai dans la journée. » Le
général Ducrot se décida alors à faire remonter sur le
plateau de Voncq l'infanterie et l'artillerie qui étaient
dans la plaine; les 3e et 4e divisions furent également
rappelées. Seule, la division de cavalerie fut main·

tenue en avant sur les bords de l'Aisne. Pendant que le 1ᵉʳ corps reprenait à peu près ses positions de la journée précédente, le 5ᵉ et le 12ᵉ corps avaient exécuté le mouvement prescrit et s'étaient portés sur les points qui leur avaient été assignés.

Vers cinq heures, le général commandant le 1ᵉʳ corps reçut du maréchal de Mac-Mahon les instructions suivantes : « Vous ferez prendre la route qui passe par Semuy, Saint-Lambert et Charbognes aux parcs, bagages et impedimenta qui, sur ce dernier point, rejoindront la route d'Attigny à Mézières et s'arrêteront à Mazerny. Le 1ᵉʳ corps tout entier suivra le mouvement. » En même temps le chef d'etat-major général priait le général Ducrot de faire parvenir au général de Bonnemain, resté à Attigny, l'ordre de se porter par Amagne dans la direction de Mézières. Cette place forte devenait le nouvel objectif de l'armée, le maréchal ayant sans doute reconnu l'impossibilité de donner la main au maréchal Bazaine et la nécessité de se reporter sur les places du Nord. En exécution de ces ordres, tout le service des subsistances partait le soir même à onze heures et était suivi par le parc d'artillerie et les bagages des officiers. Le 74ᵉ de ligne accompagnait et protégeait le convoi. Les autres corps devaient suivre la même direction et l'armée tout entière se porter sur Mézières.

28 août. De Voncq au Chesne (9 kilom.). Le lendemain matin 28, à cinq heures du matin, un capitaine de l'état-major général apportait au général commandant le 1ᵉʳ corps des instructions changeant complétement le mouvement ordonné la veille, instructions motivées par un ordre du ministre de la guerre reçu dans la nuit et qui prescrivait de rallier à tout prix l'armée de Metz. En vertu de cet ordre du ministre, toute l'armée devait reprendre sa marche

vers l'Est, passer la Meuse pour gagner Montmédy, et de là joindre les troupes du maréchal Bazaine. Dans ce but, le 1er corps devait se porter au Chesne et y remplacer le 12e. Celui-ci était dirigé sur Stonne et la Besace dans la direction de Stenay. Le 7e corps devait gagner Boult-au-Bois sur la route de Vouziers à Buzancy. Le 5e corps avait ordre d'aller s'établir à Belval.

En exécution de ces ordres, le 1er corps se dirigea sur le Chesne par deux routes parallèles. Trois divisions d'infanterie sans bagages suivaient la voie Romaine; la 4e division et la cavalerie passaient par les Alleux et la grande route de Vouziers. Les bagages, déjà arrivés en partie à Mazerny, rebroussaient chemin ainsi que le 74e de ligne, et revenaient au Chesne par la route de Mézières et celle de Tourteron. La division de cavalerie de Bonnemain était également arrêtée à la hauteur d'Amagne, se rabattait sur le Chesne par la route de Tourteron et venait camper entre Taunay et les Grandes-Armoises. Toutes ces colonnes partant de directions différentes et venant converger sur l'unique voie de Vouziers au Chesne et du Chesne à Stonne, amenaient des encombrements et des entassements inextricables d'hommes, de voitures et de chevaux. Le défilé dura non-seulement toute la journée, mais encore toute la nuit du 28 au 29. Une pluie torrentielle était tombée en outre pendant toute l'après-midi du 28 et avait rendu les chemins et les bivouacs détestables. Dans cette journée le 1er corps fut rejoint par le 1er et le 2e régiments de marche formés avec les compagnies de dépôt de divers corps et qui furent versés dans la 2e et la 4e divisions. La veille, le 1er corps avait déjà reçu le bataillon de volontaires de Paris, composé en grande partie d'anciens soldats et qui avait été adjoint à la 3e division.

Dans la soirée le général Ducrot reçut l'ordre de porter ses troupes le lendemain à Raucourt; le 12ᵉ corps devait se rendre de la Besace à Mouzon, le 7ᵉ de Boult-au-Bois à la Besace, et le 5ᵉ de Belval à Beaumont.

29 *août.* Du Chesne à Raucourt (23 kilom.).

Le 29, au point du jour, l'encombrement était encore tel dans les rues du Chesne, que le 1ᵉʳ corps ne put se mettre en route qu'à une heure avancée de la matinée. Les troupes n'ayant qu'une seule route à leur disposition, et obligées de traverser le défilé de Stonne, n'arrivèrent à Raucourt qu'à la fin du jour. Une distribution de biscuit avait été faite pendant une halte au bas de la côte de Stonne. Les bagages qui marchaient en queue de la colonne n'arrivèrent que fort tard et ne purent rejoindre les corps.

La 4ᵉ division (de Lartigue) avait été maintenue en arrière-garde au Chesne, avec le 3ᵉ hussards, jusqu'au défilé complet de la colonne. Voncq et les Alleux ayant été fouillés par les éclaireurs ennemis, et quelques-uns de ces derniers s'étant rapprochés des grand'gardes fournies par cette division, plusieurs coups de feu furent échangés et devinrent le signal d'une panique subite qui s'empara des conducteurs des bagages tant du 12ᵉ corps que de la division de Bonnemain; le désordre fut arrêté, non sans peine. La 4ᵉ division se mit en mouvement seulement à quatre heures et demie du soir et n'arriva à Raucourt qu'à une heure du matin.

Le 12ᵉ corps gagna Mouzon sans encombre, après avoir franchi la Meuse d'assez bonne heure, et prit position sur la rive droite, à cheval sur la route de Carignan.

Le 5ᵉ et le 7ᵉ corps, qui avaient l'un et l'autre leur flanc droit exposé aux attaques de l'ennemi, éprouvèrent plus de difficultés. Le 5ᵉ corps, qui avait déjà eu la veille un engagement de cavalerie, fut attaqué du côté de Bois-des-Dames; deux divisions seulement prirent part à l'action qui dura plusieurs heures ; en raison de ces circonstances, ce corps n'arriva à Beaumont qu'à une heure avancée de la nuit. — Le 7ᵉ corps avait été harcelé dans sa marche par quelques éclaireurs, et une division s'était même arrêtée pour faire face à une démonstration de l'ennemi ; par suite du retard qui en fut la conséquence et du mauvais état des routes, le général Douay au lieu de gagner la Besace, point qui lui avait été assigné, s'arrêta à Oches.

Dans la journée du 30, la Meuse déjà franchie par le 12ᵉ corps devait l'être également par le reste de l'armée.

Le 1ᵉʳ corps avait ordre d'effectuer son passage à Remilly.

L'ordre de marche communiqué dans la nuit aux généraux de division fixait, comme il suit, l'ordre des troupes : en tête la 3ᵉ division qui bivouaquait à la sortie de Raucourt ; immédiatement après, les batteries de combat de la réserve d'artillerie ; la 2ᵉ division, la 1ʳᵉ division, la cavalerie, puis la 4ᵉ division.

Les divisions devaient marcher sans aucuns bagages. Ceux-ci, ainsi que les parcs et les voitures de l'administration suivaient le corps d'armée dans un ordre déterminé et sous la surveillance de la gendarmerie. Le mouvement devait commencer à quatre heures et demie du matin et suivre sans interruption.

Ces ordres furent strictement observés. A sept heures du matin environ, la tête de la 3ᵉ division arrivait à Remilly. On comptait pour effectuer le passage sur un ponton qui, mis en travers de la rivière, sert habituellement de pont ; mais, par suite d'une crue survenue dans la nuit, crue motivée par les retenues

30 août. De Raucourt à Carignan. Passage de la Meuse à Remilly (24 kilom.).

d'eau destinées à défendre les abords de la place de
Sedan, l'établissement de ce ponton présenta quelques difficultés, et il fut nécessaire de faire consolider
cet instrument de passage très-imparfait, ainsi que
les deux jetées en terre entre lesquelles il devait être
tendu. Pour accélérer le mouvement, le génie établit,
à l'aide de quelques bateaux, une passerelle bonne
seulement pour l'infanterie. Pendant que ces travaux
s'exécutaient et que quelques bataillons étaient passés
à la hâte pour occuper la rive droite, les divisions
d'infanterie, arrivant successivement, étaient massées
sur les hauteurs qui dominent Remilly, et au pied
desquelles coule la Meuse. Un soleil resplendissant
avait succédé aux pluies désespérantes des jours précédents; de ces hauteurs, la vue s'étendait sur les
vastes prairies qui bordent la rive droite de la Meuse,
et que couvraient en ce moment d'innombrables troupeaux. Vis-à-vis de nous, les blanches maisons du beau
village de Bazeilles émergeaient comme d'une corbeille
de verdure, et dans le lointain, plus à gauche, la
pointe effilée du clocher de Sedan se profilait à travers la brume sur les hauteurs boisées qui limitaient
au Nord ce riant horizon. La vue de cette belle nature, qui jouissait alors d'un calme profond, avait
ramené la sérénité dans les esprits et rendu à nos soldats, dont le moral se remonte plus vite encore
qu'il ne s'abat, une sorte de confiance. Plusieurs régiments débouchèrent dans Remilly, lançant dans
l'air leurs joyeuses fanfares restées muettes depuis
si longtemps. Deux jours de marche à peine nous séparaient de Montmédy, cet objectif tant désiré, et là
peut-être enfin trouverait-on la victoire! Vaines espérances qui ne devaient point se réaliser! Dans quelques heures le canon de Beaumont allait cruellement

réduire à néant ces beaux rêves et raviver nos inquié-
tudes un moment oubliées.

Pour faciliter le passage, dans le cas où l'ennemi
eût essayé de le disputer, quelques batteries furent
mises en position à mi-côte; mais rien ne parut, et le
passage s'effectua lentement, il est vrai, mais sans
difficulté.

Le général Lhériller (3e division) fut chargé d'assurer cette opération, et prit position jusqu'à sept heures
du soir, heure à laquelle arrivèrent à Remilly, pour
passer à leur tour, la division de cavalerie de Bonnemain et les premières troupes du 7e corps. Le général
Lhériller avait retenu au passage la brigade de
Septeuil, de la division de cavalerie du 1er corps.

Pour gagner du temps, le général commandant le
1er corps, avait pensé à faire filer l'artillerie par le
pont du chemin de fer, à 2,300 mètres environ de
Remilly, et même à faire passer la colonne des parcs
et des bagages par Sedan, sous la protection de la division de cavalerie. Mais la crainte de détériorer la voie
du chemin de fer, la seule ligne ferrée qui nous reliât
par le Nord avec Paris, et celle de surmener les chevaux des convois en leur faisant faire un détour aussi
considérable, l'empêchèrent de donner suite à ce
projet. Les troupes franchirent les grandes prairies
qui s'étendent au confluent de la Meuse et du Chiers.
Pour éviter l'encombrement, le général Ducrot dirigea
la 2e et la 4e divisions sur Tétaigne, où elles devaient
passer le Chiers; la 1re et la 3e devaient traverser
cette rivière à Douzy, et suivre la grande route
de Carignan jusqu'à cette ville, qui était le gîte
d'étape assigné au 1er corps par le maréchal commandant en chef. Sur la droite, du côté de Mouzon, on
entendait une assez vive canonnade. Le général Du-

crot, qui marchait avec la colonne de droite fit, masser ses troupes à Tétaigne, avant de traverser le Chiers, et envoya un de ses aides de camp auprès du maréchal de Mac-Mahon, à l'effet de prendre ses ordres et de lui rapporter les renseignements nécessaires.

Au bout d'une demi-heure, le général recevait de son aide de camp un billet lui annonçant qu'il venait de rencontrer l'Empereur se dirigeant sur Carignan, et que tout allait bien. Le général Ducrot, qui avait reçu l'ordre de se porter sur Carignan, estima qu'il ne devait pas retarder l'exécution de cet ordre, ce qui eût eu pour conséquence de laisser l'Empereur isolé. Il poursuivit donc sa route, traversa le Chiers, et arriva au gîte d'étape prescrit, où il fut rejoint par son aide de camp qui lui rapportait, de la part du maréchal, l'ordre de prendre ses dispositions pour protéger sa retraite, soit sur Douzy, soit sur Carignan, et d'inviter l'Empereur à se porter au plus vite sur Sedan. Douze kilomètres environ séparent Douzy de Carignan; pour se conformer autant que possible aux ordres du maréchal, le général envoya aux deux divisions Wolf et Lhériller (1re et 3e) l'ordre de rester à Douzy, d'y retourner si elles l'avaient dépassé, et de s'y établir, de manière à couvrir la retraite du maréchal, si elle se faisait par ce point. Il disposa les deux autres divisions de son corps d'armée entre Carignan et Blagny, et fit même monter de l'artillerie sur une montagne assez élevée, que l'on nomme la hauteur des Tilleuls, et qui se trouve à l'Est de Carignan. Il se rendit ensuite chez l'Empereur et essaya de le décider à se porter sur Sedan. L'Empereur s'y refusa d'abord, et déclara qu'il ferait sa retraite avec les deux divisions du 1er corps. Plus tard, il se ravisa et rentra dans Sedan par le chemin de fer.

Pendant ce temps, voici ce qui s'était passé aux 5ᵉ et 7ᵉ corps qui avaient également reçu l'ordre de passer la Meuse, mais éprouvèrent pour exécuter cet ordre plus de difficultés que le 1ᵉʳ. Le 7ᵉ corps, parti d'Oches au point du jour, devait se porter par Stonne sur Villers, où un pont de bateaux avait été établi. L'ennemi, qui le suivait de près, le canonna à grande distance, mais sans résultat. Arrivé à Raucourt, le général Douay craignit sans doute d'être attaqué sur sa droite, et de ne plus trouver le passage de Villers libre ; en conséquence il obliqua sur la gauche et se porta à Remilly, où son corps d'armée passa la Meuse à la suite du 1ᵉʳ corps, passage qui ne commença qu'à dix heures du soir et dura toute la nuit. La crue de la rivière ayant augmenté, le bac qui servait de pont était à moitié submergé ; de grands feux allumés pour éclairer cette opération dangereuse donnaient à cette scène un caractère étrange et sinistre. Dans le but d'accélérer le mouvement, le général Douay fit passer par Sedan une partie de ses troupes, et, après avoir rallié non sans peine son corps d'armée, l'établit dans les prairies qui bordent la rive droite de la Meuse au Nord-Ouest de la place.

Le 5ᵉ corps, qui n'était arrivé que dans la matinée du 30 devant Beaumont, s'était installé au bivouac, quand vers midi il fut surpris par une brusque attaque de l'ennemi qui jeta dans le camp la plus grande perturbation. Les troupes, après avoir tenu tête pendant quelque temps, se retirèrent abandonnant leur campement et leurs bagages, et traversèrent la Meuse en désordre, partie par le pont de Mouzon, partie à la nage, sous les yeux et sous la protection du 12ᵉ corps qui avait pris position sur les hauteurs de la rive droite. Le maréchal commandant en

7

chef témoin de cette déroute fit passer quelques troupes du 12ᵉ corps sur la rive gauche pour soutenir la retraite du général de Failly ; mais ne se souciant pas d'engager une bataille générale dans ces conditions avec la
Meuse à dos, il maintint le gros de ses forces sur la
rive droite et refusa, sans doute pour ce motif, l'offre
du général Ducrot qui était déjà à moitié route de Carignan de se porter avec son corps d'armée sur Mouzon.

Dans la nuit, le général commandant le 1ᵉʳ corps
fit filer en arrière les bagages et les services administratifs dans la direction et au Nord de Sedan avec ordre
de s'arrêter à Illy. L'intendant du corps d'armée devait
faire tous ses efforts pour préparer quelques vivres sur
ce point. En même temps il donna ses ordres pour la
journée du lendemain et la direction à suivre par les
colonnes. Les 2ᵉ et 4ᵉ divisions devaient se porter de
Carignan sur Illy par une route qui serpente à travers
les hauteurs et traverse les villages d'Osnes, Mézincourt, Escombes, Francheval et Villers-Cernay. La
division de cavalerie du 1ᵉʳ corps devait couvrir le
flanc gauche de la colonne et marcher à mi-côte
entre la grande route et la route des hauteurs. Le
parc et les bagages avaient été mis en mouvement
avant le jour par la grande route.

La division de cavalerie Margueritte, qui formait
l'avant-garde de l'armée en marche sur Montmédy, se
trouvait en avant de Blagny et sur la rive gauche du
Chiers. Le général Ducrot invita le général Margueritte à repasser sur la rive droite où sa division se trouverait moins en l'air, et à se joindre
à lui le lendemain matin pour marcher dans la direction d'Illy par la même route que suivrait la division
de cavalerie du 1ᵉʳ corps. Le général Margueritte se
conforma aux indications que lui donnait le général

commandant le 1ᵉʳ corps et exécuta le lendemain son mouvement en conséquence.

Le lendemain matin, au lever du jour, le général Ducrot prit ses dispositions pour assurer sa marche sur Sedan, dispositions d'autant plus nécessaires qu'une partie du 5ᵉ corps, en pleine débandade, s'était jetée de Mouzon sur Carignan et obstruait la route. Il établit donc plusieurs bataillons sur le mamelon qui domine Carignan, et étagea quelques batteries de 12 et de mitrailleuses sur les flancs de la montagne. Mais c'est à peine si quelques éclaireurs se montrèrent dans le lointain, et au bout de plusieurs heures d'attente, le général Ducrot se décida à se retirer en faisant savoir au maréchal commandant en chef qu'il dirigeait ses troupes sur Illy.

31 août. De Carignan au plateau de Givonne (23 kilom.).

Le mouvement commença par la 2ᵉ division et fut suivi par la 4ᵉ. En même temps, le général commandant le 1ᵉʳ corps envoyait prévenir les deux divisions restées à Douzy d'avoir à se porter sur Francheval, où elles rejoindraient le corps d'armée. Mais avant même que cet ordre ne leur parvînt, les officiers généraux commandant ces divisions avaient reçu directement du maréchal, à son passage à Douzy, l'ordre d'aller prendre position sur les hauteurs qui entourent Sedan. Vers midi, le général Ducrot arrivait à Francheval précédant ses deux colonnes d'infanterie et de cavalerie dont les têtes commençaient à paraître. Le village de Francheval était obstrué par les bagages et les parcs des 5ᵉ et 12ᵉ corps qui, canonnés à distance par l'ennemi, avaient quitté en désordre la route de la vallée pour se jeter à droite sur les hauteurs.

A ce moment le 12ᵉ corps, qui était parti de Mouzon le matin et avait traversé le Chiers à Douzy, livrait un combat à Bazeilles et engageait avec les Bavarois refoulés sur la rive gauche de la Meuse une canonnade qui durait jusqu'au soir. Plusieurs des batteries de réserve du 1ᵉʳ corps, qui étaient arrivées à Douzy dans la matinée, s'étaient portées au galop en avant et prenaient une part active à cet engagement.

Mais pendant que le 12ᵉ corps était ainsi occupé à Bazeilles, le passage du Chiers n'était pas défendu à Douzy dont le pont n'avait pas été coupé, et le général Ducrot, en arrivant à Francheval et en se portant sur les hauteurs qui bordent la plaine, put voir les têtes de colonne ennemies, suivant la grande route de Mouzon, aborder Douzy, et effectuer le passage de la rivière sans difficulté. Peut-être doit-on regretter que les deux divisions d'infanterie du 1ᵉʳ corps qui occupaient ce point en aient été retirées ; soutenues par le reste du corps d'armée qui ne devait pas tarder à arriver, elles auraient pu s'opposer au passage du Chiers pendant que le 12ᵉ corps reprenait et gardait le pont du chemin de fer à Bazeilles ; et si le 7ᵉ corps, malheureusement trop fatigué sans doute pour le faire, avait pu se porter sur Donchery et en défendre le passage, la bataille eût été livrée probablement dans des conditions moins désavantageuses qu'elle ne devait l'être le lendemain. Mais il ne faut pas perdre de vue que la critique est rendue singulièrement facile par la connaissance acquise après coup des positions et des mouvements de l'ennemi, et l'on doit tenir compte de l'état de désorganisation dans lequel, à la suite des combats malheureux de la veille et de l'avant-veille, se trouvait une partie de l'armée, considération qui dut porter le commandant en chef à grouper toutes ses troupes de manière à leur donner par la cohésion une puissance de résistance que dis-

séminées elles n'eussent pas présentée à un égal degré.
— Le général Ducrot dut se borner à prendre les dispositions nécessaires pour opérer son mouvement sur
Illy sans être inquiété; à cet effet il disposa successivement en échelons sur des points dominants quelques
batteries et quelques bataillons de soutien; mais l'ennemi se contenta d'envoyer plusieurs détachements
de uhlans observer nos colonnes à distance et s'abs-
tint d'attaquer.

Sur ces entrefaites, le maréchal commandant en
chef, qui s'était décidé à réunir l'armée entière autour
de Sedan et qui venait d'apprendre que le 1er corps
se dirigeait sur Illy, adressait au général Ducrot un
ordre qui lui était remis vers cinq heures du soir par
le lieutenant-colonel Broye à proximité du village de
Givonne, et qui lui enjoignait d'aller s'établir entre
Balan et Bazeilles. Conformément à cet ordre, le général interrompit à regret sa marche sur Illy et se
porta sur les hauteurs qui dominent le village de Givonne. Le chef d'état-major général du 1er corps envoyé auprès du maréchal pour recevoir des instructions concernant les emplacements à occuper, revint
rapportant l'ordre de s'établir, non pas entre Balan et
Bazeilles, positions qu'occupait déjà le 12e corps,
mais au-dessus du village de Daigny, de manière à
relier le 12e corps aux deux divisions Wolf et Lhériller établies depuis le matin au-dessus de Givonne.

La marche de cette journée, faite par des chemins
étroits et en s'entourant de précautions militaires in-
dispensables pour couvrir les longues colonnes de
voitures qui encombraient toutes les routes, s'exécuta lentement, et il était nuit quand les troupes arrivèrent au bivouac assigné. Le général commandant
le 1er corps avait prescrit de faire distribuer aux

troupes double ration de viande, et comme les champs dans lesquels elles campaient étaient couverts d'abondantes plantations de légumes, la soupe fut faite dans de bonnes conditions. Toutefois, les derniers corps arrivèrent sur leurs emplacements seulement à onze heures du soir et ne purent recevoir aucune distribution, notamment la 4ᵉ division qui formait l'arrière-garde et dont le troupeau s'égara dans l'obscurité.

Le général consacra une partie de la nuit à étudier l'emplacement occupé par ses troupes, et à donner ses ordres en prévision de la journée du lendemain ; puis il passa au bivouac du 1ᵉʳ zouaves les quelques heures qui le séparaient du jour.

Les autres corps d'armée étaient disposés comme il suit : le 12ᵉ s'étendait de Balan et Bazeilles à la route de Givonne, et se reliait par sa gauche au 1ᵉʳ corps. Le 7ᵉ avait pris position au Nord de Sedan, entre les routes de Floing et d'Illy. Le 5ᵉ, très-ébranlé par les combats des jours précédents, occupait la grande redoute en terre qui s'adosse aux fortifications de la place.

Il était à peine 5 heures du matin quand la fusillade s'engagea au milieu d'un brouillard épais du côté de Bazeilles. Le 1ᵉʳ corps prit rapidement les armes et s'établit sur ses positions de combat. Les troupes étaient disposées comme il suit : la 2ᵉ division avait une brigade à droite du chemin creux de Givonne et une brigade en arrière en réserve. La 4ᵉ division était toute entière à gauche de ce chemin, sur la crête du ravin ; la 1ʳᵉ division, au-dessus du village de Givonne et à droite du bois de la Garenne, se reliant par sa droite à la 4ᵉ division, et refusant sa gauche pour se relier au 7ᵉ corps ; la 3ᵉ division en arrière de la 1ʳᵉ. Cette division avait perdu, dans la

journée du 30, son artillerie divisionnaire, qui, par
suite d'ordres mal compris, gagna Mézières. Vers six
heures du matin, elle se trouva réduite à sa seconde
brigade, la première ayant reçu l'ordre de se porter
à Balan, en soutien de l'infanterie de marine avec
laquelle elle combattit toute la journée.

Vu le défaut d'espace, les bataillons étaient généralement formés en colonne à demi-distance. Des
lignes serrées de tirailleurs, dissimulées derrière les
haies, les murs et les accidents de terrain, garnis-
saient le bord du ravin. Les batteries étaient placées
dans les intervalles, là où elles pouvaient le mieux
battre le terrain en avant, et protégées par des épaulements en terre; la cavalerie, en arrière et à droite
des positions du 1ᵉʳ corps, dans des plis de terrain, à
l'exception de la brigade de Septeuil qui, retenue le
30 à Remilly, par le général commandant la 3ᵉ division, bivouaqua à quelque distance et ne rejoignit sa
division que plus tard. Dans le courant de la journée,
cette même brigade, accompagnée de la batterie d'artillerie à cheval, qui avait été attachée à la division de
cavalerie, gagna sans encombre la Belgique, en suivant le ravin de Givonne et échappa au désastre.

L'action ne s'engagea guère pour le 1ᵉʳ corps qu'à
six heures du matin. En avant des positions occupées
par la droite du 1ᵉʳ corps s'étendait un mamelon couvert en partie par un bois qui porte le nom de bois
Chevalier. Le général Ducrot jugea utile d'occuper ce
point, y détacha tout d'abord un bataillon du 3ᵉ tirailleurs qui se trouvait en grand'garde près de Givonne, et envoya le général de Lartigue avec la 1ʳᵉ brigade de sa division prendre position à droite du bois.
Mais pendant que le 12ᵉ corps luttait sur la droite
contre les deux corps d'armée bavarois, le 1ᵉʳ corps

allait avoir contre lui le 12° corps (saxon) et le corps de la garde qui avaient en partie opéré le passage du Chiers la veille, soit à Douzy, soit aux environs de Carignan, et qui s'avançaient en s'étendant de la Moncelle à Villers-Cernay. Les troupes du général de Lartigue en arrivant sur le plateau de la Moncelle trouvaient déjà le bois Chevalier occupé par les Saxons ; attaquées par des forces supérieures elles étaient, après une vigoureuse résistance, obligées de se retirer sur Daigny, où elles se maintenaient énergiquement une partie de la journée. Le général de Lartigue, son chef d'état-major le colonel d'Andigné, et le général de Fraboulet de Kerléadec, qui commandait la brigade engagée, étaient tous trois grièvement blessés.

Sur ces entrefaites, le général Ducrot était prévenu que le maréchal de Mac-Mahon, ayant reçu une blessure grave qui l'obligeait à quitter le champ de bataille, lui remettait le commandement de l'armée. Il était environ sept heures du matin. Le général venait de recevoir deux billets, l'un du commandant d'un bataillon de zouaves détaché de l'autre côté du ravin, l'autre du maire de Villers-Cernay, lui faisant savoir que l'ennemi opérait un vaste mouvement tournant sur notre gauche et l'informant que de nombreuses colonnes prussiennes passaient à Francheval et à Villers-Cernay. Éclairé par ces communications sur l'intention de nos adversaires d'envelopper entièrement l'armée française, le général estima qu'il était urgent de s'opposer à ce mouvement et de se retirer sans perdre de temps dans la direction d'Illy. Cette position, en effet, appuyée à gauche sur le ravin de Givonne, que bordent de l'autre côté des bois très-touffus, et à droite sur la Meuse et la place de Sedan,

domine en outre le reste du plateau et est protégée
sur son front par une sorte de monticule que l'on
nomme le calvaire d'Illy, et qui, armé d'une quantité
convenable d'artillerie, eût pu former un centre puis-
sant de résistance. Le général Ducrot pensait que
dans les conditions où la bataille se présentait, la
victoire n'était pas à espérer, mais que la retraite
pouvait encore s'effectuer en forçant les lignes ennemies là où elles devaient présenter le moins de résistance. Se retirer sur Carignan était impossible; de ce
côté, où l'ennemi avait franchi en grandes forces la
Meuse et le Chiers, nulle ligne d'appui à espérer; et
eût-on percé les lignes allemandes, il fallait faire
opérer à l'armée, en présence d'un ennemi exalté par
le succès, une interminable marche de flanc qui n'eût
abouti qu'à une destruction totale de nos troupes.
Mais du côté du Nord, il n'en était pas de même. De
ce côté, en effet, l'ennemi ne pouvait franchir la
Meuse qu'à Donchery, point éloigné du champ de
bataille; il avait une longue marche à fournir pour
contourner le coude que fait la Meuse en cet endroit;
et à cette heure peu avancée de la journée, on devait
supposer, ce qui était exact, qu'il n'était pas encore
entré en ligne. Dès lors, il était permis d'espérer que
tandis qu'une partie de l'armée s'établirait fortement
sur le plateau d'Illy, contiendrait sur ce point les
troupes venues par Bazeilles et Douzy, et serait aidée
en cela par le feu de la place, le reste de l'armée, se
portant par la route de Saint-Menges à Mézières,
bousculerait au besoin les colonnes ennemies venues
de Donchery et séparées du gros de l'armée allemande par la Meuse, et atteindrait sans grandes difficultés Mézières, ayant son flanc gauche constamment
protégé par la rivière. En admettant que la route

principale fût très-fortement occupée par l'ennemi, il restait les chemins vicinaux et les routes forestières qui sillonnent les bois en grand nombre. La réalisation de ce plan était d'autant plus possible, qu'ainsi qu'on l'apprit plus tard, les premières troupes allemandes qui se portèrent sur le champ de bataille se composaient seulement de batteries d'artillerie escortées par quelques escadrons et qu'aucune troupe d'infanterie n'accompagnait. Le général de Blümenthal devait, dans une conversation que le général Ducrot eut avec lui le surlendemain, lui en donner l'assurance.— Le général donna donc immédiatement ses ordres en conséquence.

Il prescrivit au général Lebrun de battre en retraite par son aile droite, et d'aller prendre position plus en arrière. Le 1er corps devait se conformer au mouvement.

Déjà la division de Vassoigne, du 12e corps, les 2e et 3e divisions du 1er corps avaient commencé leur mouvement. La 1re division du 1er corps avait ordre de rester sur les hauteurs de Givonne jusqu'au dernier moment, de manière à former l'échelon extrême de gauche, et à couvrir la retraite en se retirant par le bois de la Garenne. Mais, à ce moment, le général de Wimpffen, qui, depuis la veille, remplaçait le général de Failly dans le commandement du 5e corps, produisait une commission du ministre de la guerre, lui donnant, en cas d'accident survenu au maréchal de Mac Mahon, le commandement de l'armée.

Il était environ neuf heures. A ce moment, le 12e corps luttait, avec succès, à Bazeilles, et tenait tête aux Bavarois. L'Empereur, apercevant le mouvement de retraite ordonné par le général Ducrot, et ne se rendant pas compte des motifs qui le faisaient agir, envoyait le capitaine Guzman, un de ses officiers d'ordonnance, lui en demander l'explication. Le général de Wimpffen, qui savait depuis huit heures que le maréchal de Mac-Mahon était hors de combat, attendit jusqu'à neuf heures pour réclamer le commandement, et en prévint le général Ducrot par un billet qu'il lui adressa.

Le premier acte du nouveau commandant en chef fut d'arrêter les dispositions prises par son prédécesseur et de prescrire de se maintenir dans les positions du matin. L'événement démontra à quel point l'espoir nourri par le général de Wimpffen de prolonger la résistance dans de pareilles conditions était peu fondé. Le mouvement tournant de l'ennemi sur nos deux ailes s'accentuait de plus en plus ; pendant que sur la droite le 12ᵉ corps saxon et la garde s'étendaient jusqu'à La Chapelle, à partir de dix heures du matin les colonnes prussiennes débouchaient de Saint-Menges et s'avançaient vers Illy. Vers midi, le général Ducrot envoyait un officier de son état-major reconnaître si le 7ᵉ corps occupait solidement le calvaire d'Illy. Cet officier, en arrivant en avant du bois de la Garenne, trouva les positions abandonnées ; deux batteries qui s'étaient établies près d'un bouquet de bois, en face d'Illy, venaient d'être démontées en quelques minutes. On voyait les colonnes ennemies continuer tranquillement leur mouvement circulaire et, arrivées à l'emplacement voulu, ouvrir le feu à la fois de plusieurs batteries. Peu après, à trois heures, suivant le rapport allemand, les troupes venant d'Illy faisaient leur jonction avec celles venant de La Chapelle. L'armée française était complétement entourée ; la bataille était perdue.

L'infanterie du 1ᵉʳ corps n'avait été sérieusement

engagée que le matin, et sur quelques points; l'ennemi, profitant de la supériorité de son artillerie,
comme nombre et comme portée, se contentait de
faire pleuvoir à distance sur nos positions une quantité considérable de projectiles. De l'autre côté de la
Meuse, les hauteurs de Remilly à Vadelincourt
étaient garnies de batteries à longue portée qui prenaient nos lignes à revers. L'effet de ce tir conver-
gent, auquel nos batteries se trouvaient impuissantes à répondre, était démoralisant au dernier
point pour le soldat qui voyait arriver des obus de
tous les points de l'horizon. Déjà avant trois heures la retraite commença, et les troupes, cherchant
instinctivement un abri et croyant le trouver derrière les murs de la place, se jetèrent dans Sedan
par toutes les routes. Deux efforts suprêmes devaient
être tentés à ce dernier moment aux deux extrémités
de la ligne pour faire une trouée. Au Sud, le général
de Wimpffen veut percer les lignes ennemies dans la
direction de Carignan. Il lance, sur la route de Bazeilles, une partie du 12e corps et la brigade Carteret
du 1er corps qui, depuis le matin, combattait vaillamment à côté de l'infanterie de marine. Mais, au
bout de 200 mètres à peine, les troupes sont arrêtées
dans leur marche désespérée et forcées de se rejeter
dans la place. Au Nord, le général Ducrot veut essayer de se porter en avant, dans la direction de
Saint-Menges; il envoie chercher la 2e et la 3e divisions, et réunit quelques batteries en avant du bois
de la Garenne. La 2e division arrive; quant à la
3e, la seule brigade dont elle se compose est entraînée
par le mouvement de retraite des troupes voisines, et
il est impossible de la réunir. Le général Ducrot fait
ouvrir le feu de ses batteries, puis, mettant l'épée à la

main essaye d'entraîner à la charge les quelques bataillons groupés autour de lui. L'intensité du feu de
l'ennemi déjoue cette tentative. Des colonnes d'infanterie, précédées de nombreux tirailleurs, s'avancent à
leur tour contre notre dernier centre de résistance;
le général Ducrot réunit pour les arrêter quelques escadrons de la division Margueritte et de la division
de Selignac-Fénelon. Cette cavalerie charge avec la
plus grande énergie et laisse un grand nombre des
siens sur le terrain, mais sans obtenir de résultat
décisif. C'était la troisième charge que fournissait
la division Margueritte dont le général de Galiffet
se trouvait alors avoir le commandement, le général
Tillard ayant été tué et le général Margueritte mortellement blessé. Ce dernier effort accompli, il ne restait
plus au général commandant le 1ᵉʳ corps, sans troupes
autour de lui et sans ordres, qu'à rentrer dans la place
où l'armée s'était déjà jetée, et sur les murs de laquelle,
peu d'instants avant, le drapeau blanc venait d'être
arboré.

Le 1ᵉʳ corps eut environ dans cette journée funeste,
sur un effectif approximatif de 942 officiers et 29,827
hommes de troupe de toutes armes, 248 officiers et
10,737 hommes signalés comme tués, blessés ou disparus.

Il eut, en comprenant les divisions de cavalerie qui
répondirent à l'appel du général Ducrot, 7 généraux
hors de combat, les généraux de Lartigues, commandant la 4ᵉ division, Wolf, commandant la 1ʳᵉ, les généraux de brigade Fraboulet de Kerléadec, Carteret, le général Margueritte, le général Tillard, le général de Salignac-Fénelon et l'intendant du 2ᵉ corps,
M. de Séganville.

Ici devrait se terminer ce que nous avons appelé
peut-être improprement le Journal des marches et
des opérations du 1ᵉʳ corps, car ce travail fait après
coup, mais sur des documents officiels, diffère par sa
forme des journaux de marche que tiennent les états-
majors en campagne. La journée funeste du 1ᵉʳ septembre clôt naturellement la série des opérations
malheureuses, mais non sans gloire auxquelles prit
part le 1ᵉʳ corps, série commencée à Wissembourg et
Frœshwiller et terminée à Sedan. Toutefois, pour dé-
férer à l'invitation qui nous est adressée par le chef
énergique sous lequel nous avions alors l'honneur de
servir, nous pousserons jusqu'au bout cette triste
narration et nous ajouterons aux pages douloureuses
qui précèdent d'autres pages plus douloureuses encore. Du reste, ce récit peut porter en lui un utile enseignement, et le souvenir de nos souffrances et de
nos humiliations, quelque pénible qu'il puisse être,
doit être conservé avec d'autant plus de soin, peut-
être, que le nombre de ceux qui seraient portés à les
oublier est plus élevé.

L'armée éperdue s'était jetée toute entière dans la
place sur laquelle tombait une pluie de projectiles
qui, éclatant au-dessus de ces rues pleines de monde,
y faisaient de nombreuses victimes. L'Empereur
ayant jugé la résistance impossible, et désireux de
faire cesser le massacre, avait fait arborer le drapeau
blanc. Le général Reille fut envoyé par lui en parlementaire au quartier-général allemand pour demander un armistice, pendant que des officiers étaient
lancés dans toutes les directions pour faire cesser le
feu sur les remparts et sur les rares points où la lutte

se prolongeait. Çà et là en effet, quelques groupes de combattants, embusqués derrière des murs et des haies, brûlaient leurs dernières cartouches contre l'ennemi dont le cercle allait se resserrant de plus en plus et ne devait s'arrêter qu'aux portes mêmes de la ville. Le soir, le général de Wimpffen, après avoir offert à l'Empereur sa démission qui ne fut pas acceptée, partait à son tour pour le quartier-général prussien pour discuter les conditions de la capitulation.

Le lendemain matin, l'Empereur se rendait au quartier général du roi Guillaume, annonçant qu'il allait faire ses efforts pour obtenir des adoucissements au sort de l'armée.

Pendant ce temps, conformément aux ordres donnés par le général commandant en chef, les états-majors essayaient de rétablir un peu d'ordre dans la place qui présentait l'image de la confusion la plus grande. Les corps d'armée, les troupes de toutes armes, étaient confondus dans un pêle-mêle sans nom. Un quartier de la ville fut assigné à chaque corps d'armée. Le 1er corps devait occuper le quartier Nord, les troupes d'infanteries massées de préférence sur les remparts, les voitures d'artillerie dans les rues, le long des trottoirs, la cavalerie dans le faubourg de Torcy. Une ration de vivres fut distribuée aux troupes, ainsi qu'une somme de 50 centimes par soldat et de 1 franc par sous-officier, afin de suppléer au manque de vivres qui pourrait se produire. L'ordre était donné en même temps de convoquer tous les généraux de corps d'armée et de division à l'effet de prendre connaissance des conditions de la capitulation offerte, et de juger s'il y avait lieu de les accepter. Vu l'impossibilité de retrouver tous les généraux, un certain nombre d'entre eux n'assistèrent pas à la réunion.

En présence du manque absolu de vivres', de l'impossibilité de tenir dans une place resserrée, dominée de toutes parts, l'avis unanime fut que dans de pareilles conditions, la capitulation ne pouvait être évitée. Deux voix seulement, celles de MM. les généraux Pellé et Carré de Bellemare, du 1ᵉʳ corps, s'élevèrent pour soulever la question de la résistance et demander s'il n'était pas préférable d'essayer de se frayer un passage à main armée ; mais, sur la peinture exacte qui leur fut faite de la situation par plusieurs membres du conseil, sur les objections qui leur furent posées, résultant surtout de l'absence des vivres, de l'impossibilité de sortir de la ville pour se déployer, et de celle plus grande encore de s'y défendre, ils s'inclinèrent eux aussi devant la cruelle nécessité de se soumettre et signèrent également le procès-verbal de la délibération qui fut rédigé. Le feu devait être ouvert à neuf heures contre la place en cas de non acceptation de la capitulation. Un peu avant cette heure, la réponse affirmative était portée au quartier général du roi par le général de Wimpffen.

Il revint rapportant le protocole qu'il venait de signer. Grande et douloureuse fut notre surprise en voyant que, sous prétexte de connaître la bravoure de l'armée française, on offrait aux officiers qui s'engageraient par serment à ne plus prendre part à la guerre et à ne rien faire de contraire aux intérêts de l'Allemagne, de rentrer dans leurs foyers avec armes et bagages (1); offre injurieuse,

(1) Il n'avait pas été question de cette stipulation dans les conditions énumérées par le général de Wimpffen en présence du conseil de guerre réuni dans la matinée du 2. Elle fut introduite lors de la

contraire à nos règlements, qui interdisent en cas de capitulation forcée de séparer le sort des officiers de celui de la troupe, et qui eût dû être rejetée avec indignation. Ajoutons que le nombre des officiers qui profitèrent de cette offre, quoique trop élevé encore, fut néanmoins très-restreint.

Tout était consommé. Il ne nous restait plus qu'à attendre et exécuter les ordres qu'il plairait au vainqueur de nous imposer, et à accepter les souffrances et les humiliations par lesquelles nous devions avoir à passer.

L'infanterie reçut l'ordre de déposer les armes sur les emplacements qu'elle occupait dans la ville. L'artillerie avait à conduire son matériel sur la rive gauche de la Meuse en avant de Glaires. Chaque corps devait sortir successivement de la place sans armes et se rendre dans une sorte de presqu'île que forme un coude très accentué de la Meuse au Nord-Ouest de Sedan et qui est fermée à sa gorge par un canal qu'un seul pont traverse au village de Glaires. C'est dans cet espace étroit, détrempé par des pluies abondantes qui commencèrent le 3 septembre, et durèrent plusieurs jours sans interruption, que 70,000 hommes devaient être détenus pendant près de dix jours dans la boue, sans abri, sans vivres, ayant à peu près pour toute ressource les pommes de terre qu'ils trouvaient dans les

seconde conférence au quartier général prussien, conférence à la suite de laquelle le général de Wimpffen signa la capitulation. Et comme le dit le commandant Corbin, grande et douloureuse fut notre surprise en voyant cette clause tout à fait imprévue, si contraire à nos sentiments et à l'esprit de nos règlements militaires. Il n'y eut qu'un cri parmi les officiers généraux commandant les corps d'armée pour protester, ce qui parut étonner fort le général de Wimpffen; il croyait avoir obtenu un superbe résultat et ne comprenait pas du tout nos scrupules. (*Note du général Ducrot*).

champs et qui furent rapidement épuisées. Le 1ᵉʳ corps commença ce triste mouvement et sortit de Sedan le 3 septembre dans l'après-midi par un orage épouvantable. Spectacle à jamais lamentable ! Conduits par leurs officiers, dont ils devaient peu de jours après être séparés, nos infortunés soldats défilaient la tristesse au front sur les glacis de la place. Pour ajouter à notre honte, quelques misérables qui avaient pillé des boutiques dans la ville ou défoncé des tonneaux de l'administration, venaient rouler ivres-morts dans la fange, aux pieds de nos vainqueurs.

Le général Ducrot se rendit à Donchéry auprès du Prince royal, lui demander que des distributions de vivres fussent faites aux troupes en quantité suffisante et tâcher d'obtenir divers adoucissements à la position faite aux officiers. C'est là qu'il eut occasion de s'entretenir avec le général de Blümenthal, chef d'état-major général du Prince et de se convaincre à quel point l'exécution de son plan d'occupation de la redoutable position d'Illy était facile dans la matinée du 1ᵉʳ septembre et eût pu modifier avantageusement le funeste résultat de cette journée.

A la suite de cette entrevue, le général Ducrot rejoignit ses soldats dans la presqu'île de Glaires et s'installa dans une petite maison près du pont du canal. Le général commandant en chef de Wimpffen était parti avec son état-major pour Stuttgardt, abandonnant à elle-même ce qui avait été l'armée de Châlons. Les services étaient désorganisés, les états-majors dispersés, les fonctionnaires de l'intendance disparus. Le général Ducrot s'imposa la pénible tâche de soulager autant qu'il serait en son pouvoir les souffrances des soldats. Par ses ordres, des chevaux furent abattus pour la nourriture des troupes ; des officiers furent choisis dans chaque division pour faire fonction d'intendants (1).Quelques têtes de bétail, des voitures de vivres en petite quantité ayant été envoyées par l'administration allemande, il en fit faire par son état-major, qui était resté tout entier groupé autour de lui, la répartition entre les débris des différents corps de l'armée, d'une manière aussi équitable que possible. Enfin, il s'occupa de réunir les situations d'effectif nécessaires, de manière à faciliter et hâter l'évacuation des prisonniers hors de cette presqu'île malsaine, sur laquelle les maladies se multipliaient avec une effrayante rapidité.

L'évacuation commença le 5; elle ne devait se terminer que le 14 septembre. Les prisonniers étaient formés par convois de 2,000 hommes et mis en marche sur Pont-à-Mousson, sous la conduite de quelques compagnies d'infanterie bavaroise. Les officiers subalternes, réunis par groupes de trois à quatre cents, étaient traités comme la troupe, parqués chaque nuit dans une prairie ou dans un champ, sans abri, sans couverture, après avoir reçu une nourriture insuffisante, et malmenés parfois par leur escorte, de la manière la plus odieuse.

Le général Ducrot annonça son intention de s'employer jusqu'au dernier jour à s'occuper du sort de la troupe, à maintenir l'ordre et à diriger les distributions.

(1) Ces officiers, qui restèrent jusqu'au dernier jour et servirent après le départ du général Ducrot d'intermédiaire entre l'armée prisonnière et les autorités allemandes, remplirent cette pénible mission avec le plus louable dévouement. Leurs noms doivent être reproduits ici : ce sont MM. de Serres, capitaine au 50e de ligne; Ducasse, capitaine d'artillerie, Leblanc, capitaine du génie, d'Orcet, capitaine au 4e cuirassiers, et Lefort, lieutenant du génie. M. de Masin, capitaine au 1er régiment de cuirassiers, s'adjoignit volontairement aux officiers dont les noms précèdent.

En conséquence, il demanda à l'état-major bavarois, auquel la garde de l'armée prisonnière avait été laissée, l'autorisation de rester à Glaires le dernier, jusqu'au départ du dernier soldat français. Sa demande ne fut pas accueillie, et cette triste faveur lui fut refusée. Il reçut l'ordre de partir, le 7, pour Pont-à-Mousson. Le Roi avait décidé que les officiers généraux et supérieurs seraient autorisés à se rendre librement et sur parole dans cette ville, où ils devaient être mis en chemin de fer, et de là dirigés sur l'Allemagne. Forcés d'obéir aux ordres reçus, le général et son état-major signèrent une pièce dans laquelle i's s'engageaient sur l'honneur à être rendus à Pont-à-Mousson le 11, à onze heures du matin, et à s'y présenter aux autorités allemandes avec l'ordre de route qui leur était délivré. Partis de Glaires le 7, dans l'après-midi, ils entraient dans Pont-à-Mousson au jour dit et à l'heure indiquée. Le général envoya un de ses officiers d'ordonnance prévenir le commandant de place allemand de son arrivée et de celle de ses officiers, lui remettre la feuille de route dont il était porteur, et lui demander ses instructions. Le commandant de place prit acte de leur arrivée et leur fit enjoindre de se trouver à la gare du chemin de fer, à deux heures. Un peu avant cette heure, le général, en tenue, se trouvait dans l'intérieur de la gare, qui était gardée extérieurement par une compagnie de Bavarois, les armes chargées. L'insuffisance de wagons ayant retardé le départ du train, le général, après avoir longtemps attendu, estimant qu'il avait largement rempli ses promesses et ayant la conscience d'avoir tenu jusqu'au bout sa parole d'honneur, se glissa inaperçu hors de la gare, revêtit un déguisement et réussit à sortir de Pont-à-Mousson, d'où il put gagner Paris et pénétrer

dans cette dernière ville, au moment où elle allait être
investie.

***

Ordre de mouvement n° 2. (Extraits.)

Au quartier général de Cormontreuil, le 22 août 1870.

L'armée doit se porter en avant demain, 23 août; les directions à suivre
seront ultérieurement indiquées...

Dans chaque division les voitures marcheront dans l'ordre suivant :

1° Voitures du génie.

2° Batteries de combat.

3° Réserve d'artillerie divisionnaire.

4° Bagages des officiers.

5° Voitures d'ambulances.

6° Voitures de l'administration.

Cet ordre de marche devra être rigoureusement suivi. . . . .

. . . Tout le monde devra concourir à faire serrer les rangs pour la
marche comme pour le combat, empêcher qu'on ne s'écarte des colonnes.
Les officiers devront se faire obéir et maintenir la discipline, même par les
moyens les plus extrêmes. Le général commandant le 1er corps les couvre
de sa propre responsabilité. . . . .

. . . .

***

Ordre de mouvements n° 3. (Extraits.)

Au quartier général de Cormontreuil, 22 août 1870.

. . . L'armée va marcher en avant dans la direction de Montmédy.

Le 1er corps s'établira sur la Suippe, entre Saint-Hilaire-le-Petit et Béthiniville.

La 2e division partira à quatre heures et demie du matin, traversera
Taissy, passera la Vesle et le canal à Couroux, etc...

La 1re division partira à cinq heures et suivra la même route.

La 3e division partira à six heures, entrera dans Taissy, traversera la
Vesle au pont de Taissy, le canal à Saint-Léonard, etc...

La 4e division partira à six heures et demie et suivra la 3e.

Deux officiers de l'état-major général conduiront les avant-gardes des 2e
et 3e divisions. Ces avant-gardes se composeront chacune d'un bataillon
d'infanterie et de la compagnie divisionnaire du génie.. . . . .

. . . .

***

Ordre de mouvement n° 4. (Extraits.)

Au quartier général de Saint-Hilaire-le-Petit, 23 août 1870.

Le 1er corps continuera demain sa marche en avant. Les positions qu'il
occupera sont les villages de Juniville, Bignicourt et Ville-sur-Retourne.

Les 3e et 4e divisions et la réserve d'artillerie iront s'établir à Juniville en passant par la Neuville. La route à suivre sera prise entre Pont-Faverger et Béthiniville. La 4ᵉ division prendra la tête de la colonne et partira à sept heures. . . .

Les 1ʳᵉ et 2ᵉ divisions et le convoi du service administratif iront s'établir à Bignicourt en partant de Saint-Hilaire par Hauviné. . . . .

. . . .

Ordre de mouvement n° 5. (Extraits.)

Au quartier général à Attigny, 25 août 1870.

La cavalerie partira demain matin à six heures, prendra la route qui conduit à Roche, de Roche à Voncq où elle passera le canal et l'Aisne, et s'établira sur le plateau de Voncq à hauteur de Semuy, entre le canal et le bois de Voncq. Elle enverra un détachement de cavalerie légère en avant de Montgon. Ce détachement se reliera à droite avec le 5ᵉ corps dont le quartier général sera au Chesne, et à gauche avec le 12ᵉ dont le quartier général sera à Tourteron.

La 1ʳᵉ division partira également à six heures, traversera le canal et l'Aisne au village d'Attigny..... passera par Semuy et s'établira en deçà du village de Neuville, détachant une brigade sur le plateau entre Montgon et Neuville.

La 2ᵉ division partira à sept heures, suivra le même chemin et s'établira en arrière de la 1ʳᵉ division parallèlement au canal et en face du plateau de Voncq.

La réserve d'artillerie partira à huit heures, traversera le canal et l'Aisne à Attigny, passera par Charbogne, Saint-Lambert, etc., et s'établira à droite de la 1ʳᵉ division.

La 3ᵉ division partira à neuf heures, suivra la route qui longe le canal, passe à Roche et à Voncq, et s'établira sur le même plateau que la cavalerie.

La 4ᵉ division partira à dix heures et suivra la même direction que la 3ᵉ.

. . . .

Ordre de mouvement n° 6. (Extraits.)

Au quartier général de Semuy, 26 août 1870.

Demain le 1ᵉʳ corps se mettra en mouvement, la 4ᵉ division en tête; elle aura un régiment d'avant-garde avec une section d'artillerie, puis viendront: le reste de la division, les batteries de combat suivies des caissons de munitions d'infanterie, l'ambulance divisionnaire réduite à un caisson et aux mulets de cacolet. Le génie, sans outils ni chariots d'aucune sorte, fermera la marche.

La 3ᵉ division suivra la 4ᵉ, et absolument dans le même ordre.

La 2ᵉ division marchera suivant les mêmes prescriptions. Entre la 2ᵉ division et la 1ʳᵉ marcheront les 6 batteries de combat de la réserve avec l'ambulance de réserve. . . . .

Tous les bagages des officiers sans exception, les voitures de réquisition, le trésor, seront dirigés sur Voncq, dont le colonel de Bellemare a le commandement supérieur. De là, ces impedimenta, ainsi que les éclopés qui seront sous la direction d'un officier par corps, seront dirigés sur Montgon où ils recevront des ordres ultérieurs. . . . .

Les points de concentration de la première position de combat seront les villages des Quatre-Champs, Nerval, Chatillon. . . .

La ligne de retraite, en cas d'échec, est sur le Chesne et de là sur Mézières. . . . .

. . . .

Extrait des notes du colonel Robert, chef d'état-major
général du 1ᵉʳ corps d'armée.

. . . .

Dès le 30 au soir, après le départ de l'Empereur, l'ordre avait été donné au chef de la gare de Carignan de faire diriger pendant la nuit sur Sedan les munitions et les approvisionnements de vivres qui avaient été concentrés sur ce point en vue du mouvement projeté de l'armée dans la direction de Montmédy. Les munitions purent être expédiées dans la nuit et arrivèrent à Sedan. Quant aux autres approvisionnements, il y eut impossibilité de les mettre en route, parce qu'au moment où ce transport pouvait commencer après celui des munitions de guerre, le chef de gare fut averti que la voie se trouvait interceptée par l'ennemi à Pontmangy, à trois kilomètres environ de Sedan.

Au moment où, vers huit heures du matin, le 31 août, le 1ᵉʳ corps acheva de quitter Carignan, conformément à l'avis envoyé par le général Ducrot au maréchal, le chef d'état-major se rendit à la gare du chemin de fer pour s'enquérir de l'état des choses, et, d'après les instructions du général commandant e 1ᵉʳ corps, il requit par écrit le chef de gare de dé-

Quelques incidents de la soirée du 30 et de la journée du 31.

truire par tous les moyens possibles, afin d'empêcher l'ennemi de s'en servir, la voie ferrée, les moyens de transport et les approvisionnements qui se trouvaient dans cette gare ou à proximité. Une compagnie d'infanterie de service sur ce point reçut du chef d'état-major l'ordre de concourir à cette opération, dont l'exécution fut sur-le-champ commencée et fut poursuivie jusqu'au moment de l'arrivée des têtes de colonne prussiennes.

L'ordre avait été donné au génie du corps d'armée de faire sauter le pont de Blangy, à un kilomètre en amont de Carignan, et même le pont de Carignan (sur le Chiers); mais cette opération ne put être exécutée : la poudre nécessaire manquait.

Les payeurs du corps d'armée avaient été également invités à se retirer sur Sedan; ils y arrivèrent sans encombre dans la nuit du 30 au 31. . . . . . .

. . . .

Soirée du 31. Le 31, vers quatre heures de l'après-midi, le général Ducrot, en marche avec ses troupes sur Illy, suivant l'avis envoyé le matin au maréchal, se trouvait de sa personne entre Villers-Cernay et Givonne, lorsqu'il reçut du maréchal commandant en chef, par l'intermédiaire du lieutenant-colonel Broye, aide de camp du maréchal, l'ordre écrit de ne pas continuer sa marche sur Illy, de se rabattre au contraire vers Sedan, en allant prendre position *entre Balan et Bazeilles,* et d'envoyer au surplus son chef d'état-major pour recevoir des instructions au sujet de l'emplacement à occuper.

A la suite d'une première reconnaissance rapide du terrain, et des positions déjà occupées par les 1re et 3e divisions faite en compagnie du lieutenant-colonel Broye, le colonel Robert se rendit chez le maréchal

commandant en chef où il reçut de nouvelles instructions; elles furent très-sommaires, le maréchal étant
fort occupé et elles ne continrent aucun avis au
sujet de la probabilité d'une bataille pour le lendemain.

Mais le général Lebrun étant survenu sur ces entrefaites, compléta par des indications plus détaillées les
renseignements nécessaires au chef d'état-major. Il
résulta de cette conférence et des indications reçues
auparavant du lieutenant-colonel Broye, que ce ne
fut pas entre Balan et Bazeilles que le 1ᵉʳ corps dut
s'établir; Balan, Bazeilles et tout le terrain avoisinant
étaient fortement occupés par le 12ᵉ corps qui s'étendait même au Nord jusqu'à la hauteur de la Moncelle.
Les positions à prendre pour le 1ᵉʳ corps se trouvaient
tout naturellement et très-positivement indiquées
sur les hauteurs à l'Ouest de Daigny et de Givonne
afin de se relier par la droite au 12ᵉ corps, et par la
gauche au 7ᵉ corps qui, d'après les renseignements
donnés par le général Lebrun, formait la gauche de
l'armée et prenait son bivouac aux environs de Floing
entre ce village et Sedan, en s'étendant dans la di-
section d'Illy. Quant au 5ᵉ corps, le général Lebrun
indiqua qu'il se trouvait déjà établi en réserve sous
les murs de Sedan.

Nos 2ᵉ et 4ᵉ divisions n'arrivèrent qu'à la nuit tombante; elles furent établies à leur arrivée dans les emplacements qu'elles devaient occuper, la 2ᵉ division à
gauche de la route de Bouillon, vis-à-vis de Villers-
Cernay, la 4ᵉ à droite de cette même route au-dessus
de Daigny. La cavalerie, qui avait d'abord envahi ces
emplacements, prit son bivouac en arrière dans des
plis de terrain. Nos 1ʳᵉ et 3ᵉ divisions arrivées et établies au bivouac dans la journée même, demeurèrent

sur les hauteurs vallonées qui dominent le village de
Givonne, à l'Est du bois de la Garenne.

Ainsi, l'armée du maréchal se trouvait, lorsqu'elle
fut définitivement établie dans la soirée du 31, placée
sur un grand demi-cercle autour de Sedan, sur la rive
droite de la Meuse (dont la rive gauche n'était point
occupée par nous et demeurait complètement libre
pour l'ennemi). Sedan devenait alors une sorte de
réduit central, vers lequel devaient converger instinctivement dans la journée du lendemain tous ceux qui,
pour une cause ou pour une autre, quitteraient le
champ de bataille ; la disposition de cette place, par
rapport aux positions de nos quatre corps, était telle
que son canon ne pouvait être utilisé. Il en eût été
autrement, si au lieu de constituer ainsi un réduit
central, cette place eût simplement servi de point
d'appui à une des ailes de l'armée, et d'obstacle temporaire à la marche de l'ennemi ; mais il eût fallu
que la place fût, par avance, mise sérieusement en état
de défense. On dit qu'elle avait 168 bouches à feu sur
ses remparts et que l'on eût pu disposer de 30 coups
par pièce ; mais les dispositions de combat étaient
loin d'être complètes dans l'armement. . . . . . .

. . . .

Le 31 au soir, le général Lhériller fit connaître au
général Ducrot qu'il n'avait pas avec lui ses batteries ;
elles s'étaient trouvées séparées de la 3ᵉ division, soit
dans la soirée du 30 au 31, soit dans la matinée de ce
dernier jour. On a su plus tard que ces batteries
purent gagner Mézières et de là rentrer à Lyon avec
leur matériel ; mais les circonstances ne leur permirent point de rejoindre leur division, ni de prendre
part au combat. Il en fut de même d'une batterie à
cheval de la réserve qui avait été, quelques jours

auparavant, mise à la disposition de la division de
cavalerie. . . . .

. . . .

Lorsque le matin, vers huit heures et demie, le
général Ducrot reçut du maréchal blessé, qu'il ne
vit point d'ailleurs, l'ordre de prendre le commandement en chef, le nouveau commandant de l'armée
eut aussitôt la pensée de reprendre en partie, autant
que cela pouvait se faire alors, les dispositions qu'il
avait projetées la veille, en portant le 1ᵉʳ et le 12ᵉ
corps, par un mouvement en arrière, vers les hauteurs
d'Illy (mouvement que le 5ᵉ corps eût suivi en contournant les glacis de Sedan, pour se rallier au 7ᵉ corps,
ou qu'il eût soutenu en se jetant dans la place pour en
assurer la défense); il fut un moment arrêté dans l'exécution de ce plan par quelques objections de son chef
d'état-major, puis, par des observations semblables du
général Lebrun. Le 12ᵉ corps, en effet, tenait en ce moment très-énergiquement tête à l'ennemi, à Bazeilles; le
combat, de ce côté, paraissait pouvoir permettre de conserver nos positions ; on pouvait supposer, à la rigueur,
qu'un effort énergique du 1ᵉʳ corps dans la direction
de l'Est, par Givonne, Daigny et la Moncelle, nous
ouvrirait de nouveau la route de Carignan et permet-
trait de revenir au projet de marche vers Montmédy,
abandonné après la défaite du 5ᵉ corps à Beaumont
et à Mouzon. La retraite éventuelle dans la direction
de Mézières, par les bois qui avoisinent la frontière de
Belgique et la rive droite de la Meuse, ne paraissait
pas d'ailleurs absolument compromise dès ce moment, et le général Lebrun faisait remarquer combien
il était à craindre, avec nos troupes, de voir dégénérer
en fuite un mouvement de retraite ordonné aux
combattants de notre aile droite.

Matinée du 1ᵉʳ septembre, commandement du général Ducrot.

Mais, après de nouvelles réflexions, le général Ducrot se décida à commander sans retard ce mouvement, dans la conviction où il était que l'ennemi, maître du terrain autour de Sedan, au Sud, à l'Est et à l'Ouest, profiterait de sa grande supériorité numérique pour nous envelopper par un double mouvement tournant vers le Nord de manière à fermer surtout la direction de Mézières et à ne nous laisser tout au plus que la route de Bouillon pour nous jeter forcément en Belgique. Dans cette hypothèse (qui ne fut que trop justifiée), il lui parut absolument indispensable d'aller occuper Illy le plus tôt et le plus fortement qu'il serait possible, afin de pouvoir arrêter sur ce point et en se portant ensuite vers Saint-Menges et Fleigneux, conformément au plan projeté dès la veille, le mouvement tournant qui évidemment devait être tenté par les forces ennemies maîtresses de Donchery. Cette disposition offrait le grand avantage de réunir pour un même effort, vers le point de convergence de ce mouvement, le 7e et le 1er corps. Quant au 12e corps, il pouvait en opérant sa retraite par les hauteurs entre Sedan et Givonne, forcer l'ennemi qui le poursuivrait à défiler sous le canon de la place; les ondulations du terrain lui permettaient, dans cette direction, de prendre successivement de bonnes positions défensives, y compris celles du bois de la Garenne et du calvaire d'Illy; il devait d'ailleurs être soutenu au besoin dans ce mouvement en arrière (préparé sous la forme d'une retraite en échelons) par les parties du 1er corps qui seraient arrivées avant lui à la hauteur d'Illy et de Fleigneux, puisque très-certainement, à cette heure encore matinale, la majeure partie du 1er corps aurait marché vers les positions d'Illy, sans coup férir, en n'engageant sérieusement que la 4e division qui luttait déjà en avant de Daigny contre une des divisions du corps saxon.

Le général Lebrun se rendit bientôt aux observations du général Ducrot et ne tarda pas à commencer l'exécution du mouvement dont le nouveau comman·dant en chef lui démontrait l'opportunité. Des renseignements envoyés par le maire d'une des communes situées au Nord-Est de Sedan faisaient d'ailleurs connaître que des colonnes ennemies se montraient de ce côté.

Toutes les dispositions nécessaires furent prises alors, et le mouvement vers Illy commença : le chef d'état-major, après avoir envoyé des avis aux 1re, 3e et 4e divisions et porté lui-même des instructions à la 2e division pour commencer le mouvement par brigade, se disposait, après avoir pris les ordres du général Ducrot, à aller prévenir l'Empereur, pendant que d'autres officiers allaient avertir les 5e et 7e corps, lorsque M. le général de Wimpffen prit à son tour le commandement en chef, arrêta le mouvement de retraite du général Lebrun et ordonna de tenir partout les positions de combat prises le matin. Le billet au crayon adressé à ce sujet par le général de Wimpffen au général Ducrot semblait indiquer une grande confiance dans le résultat de la journée.

. . . , ...

. . . .

Le général Lhériller (3e division) n'avait plus qu'une de ses brigades sous la main, sa première brigade (général Carteret-Trécourt) ayant été, dès six heures et demie du matin, envoyée comme troupe de soutien au 12e corps, sur la demande du général Lebrun. Il n'avait pas non plus son artillerie, ainsi qu'il a été dit plus haut.

Fin de la journée du 1er septembre.

Il avait reçu directement du chef d'état-major l'ordre de se mettre en route avec la brigade qui lui restait, à la suite de la 2ᵉ division (général Pellé), pour aller prendre position à l'Ouest du bois de la Garenne.

La général Pellé avait lui-même laissé sa 1ʳᵉ brigade en position sur la crête au dessus du vallon de Givonne, près la grande route, conformément à des ordres reçus au moment où le général de Wimpffen avait arrêté le mouvement général vers Illy.

Ce fut vers une heure et demie que le général Pellé avec la brigade Gandil fut conduit par le chef d'état-major du 1ᵉʳ corps à l'Ouest du bois de la Garenne, et établi à la droite des batteries de la réserve, laissant un certain intervalle entre sa troupe et ces batteries. Ces dernières combattaient alors avec une grande énergie, mais aussi avec des pertes considérables, contre les troupes ennemies qui repoussaient le 7ᵉ corps et le rejetaient vers Sedan. L'infanterie du général Pellé prit alors une part très-active au combat.

2 heures.   Mais la 3ᵉ division n'arrivait pas, bien qu'elle eût dû suivre la 2ᵉ dans son périlleux chemin; le chef d'état-major retourna à sa recherche en prenant la route qu'elle aurait dû suivre, et, ne la rencontrant point, poussa ses recherches jusqu'à l'emplacement qu'elle occupait au moment où l'ordre de marcher lui avait été donné. Cette troupe fut introuvable; elle avait été dispersée sans doute pendant sa marche, sous le coup de quelque panique, et entraînée dans le mouvement d'un certain nombre de fuyards appartenant soit aux corps de la 1ʳᵉ division, soit à la cavalerie, soit à une des brigades du 7ᵉ corps, qui s'était depuis quelque temps déjà réfugiée en partie dans la portion sud du bois de la Garenne . . . . . .

. . . .

Le colonel Robert revenait vers l'extrême gauche de la position pour y retrouver le général Ducrot, lorsqu'il rencontra un officier de l'état-major du général de Wimpffen, à la recherche du 7e corps et portant au général Douay un billet au crayon contenant (à peu près) ceci : « Je vois que l'ennemi l'em-
» porte sur nous ; je réunis les troupes que je trouve
» sous ma main pour tenter une trouée dans la
» direction de Carignan ; appuyez ce mouvement, si
» vous pouvez. » Le colonel demanda à cet officier s'il avait un ordre semblable pour le général Ducrot ; la réponse fut négative.

Le chef d'état-major retrouva le général Ducrot 3 heures. sur la crête, à l'Ouest du bois de la Garenne, en face d'Illy, au moment où les batteries de réserve étaient complètement démontées et la brigade Gandil repliée en retraite vers le bois de la Garenne. Les charges de cavalerie ordonnées par le général Ducrot étaient repoussées avec des pertes très-importantes. Les débris du 7e corps revenaient vers Sedan en une masse confuse et il ne restait plus en ce moment au général commandant le 1er corps aucune troupe sous la main ; le chef d'état-major lui fit part de l'avis que le général de Wimpffen avait envoyé au général Douay, mais il était alors impossible au général Ducrot de rien faire dans le sens de cet ordre, en admettant qu'il dût s'appliquer au 1er corps comme au 7e (ce qui paraissait probable, sans être absolument certain). A vrai dire, ni le 7e corps, ni le 1er, n'avaient en ce moment aucune troupe capable de se mettre en ordre pour marcher dans la direction indiquée, direction entièrement opposée d'ailleurs à celle vers laquelle ces corps se trouvaient refoulés. Un grand nombre de fuyards étaient rentrés dans la place, dont les abords se trouvaient encombrés de voitures et de chevaux.

. . . .

Le général Ducrot se rencontra avec le général Douay vers la partie du rempart qui borde la citadelle. Le drapeau blanc avait paru un moment; mais soit qu'il eût été abaissé, soit pour toute autre cause, on cessa de le voir. Les deux officiers généraux mirent pied à terre pour tenir conseil; avec eux se trouvaient là réunis (sauf erreur) les généraux Forgeot, Joly-Frigola, d'Outrelaine et deux ou trois autres généraux ou chefs d'état-major. On sut que le général Dejean visitait la citadelle au pied de laquelle on était.

Appuyer en ce moment le général de Wimpffen était absolument impossible; le mouvement de retour offensif vers Carignan qu'il avait annoncé devoir tenter devait être alors certainement arrêté par l'ennemi; et d'ailleurs, pour se joindre à ce mouvement, ou seulement pour l'appuyer, il eût fallu avoir quelques troupes; or, toutes les troupes du 1ᵉʳ corps étaient alors ou dispersées, ou séparées par l'ennemi du point sur lequel se trouvait le général Ducrot, puisque les derniers efforts de ce général pour soutenir le 7ᵉ corps et retarder la perte de la bataille avaient eu lieu au Nord-Ouest de Sedan, à l'extrême gauche de la position, tandis que le retour offensif essayé par le général de Wimpffen devait avoir lieu à l'extrême droite, c'est-à-dire au Sud-Est, dans la direction de Carignan.

Au surplus, les généraux, après avoir constaté l'impossibilité absolue d'une nouvelle tentative sérieuse de retour à l'ennemi, crurent nécessaire d'entrer dans la place pour recueillir les renseignements que l'on pouvait avoir sur ce qui se passait du côté du Sud-Est, et sur le secours que pouvait fournir le canon de la place. Le bruit de l'arrivée d'un corps de l'armée du maréchal Bazaine s'était répandu. (On sut depuis que ce bruit avait été propagé, à dessein sans doute, pour stimuler les troupes dans le retour offensif qu'on devait entreprendre.) Enfin il était nécessaire d'examiner quelles nouvelles chances de défense pouvait présenter la place de Sedan, quelles dispositions d'ordre pouvaient y être prises pour réunir et réorganiser les troupes qui s'y étaient réfugiées et les préparer s'il se pouvait à une nouvelle lutte. Il fallait aussi avoir l'explication de ce drapeau blanc qu'on avait vu flotter un instant sur l'un des bastions de la citadelle.

Les généraux pénétrèrent dans la place par une poterne qui se trouvait déjà encombrée de blessés. Le général Ducrot ayant rencontré là M. le général Dejean, commandant en chef du génie, conféra avec lui sur les dispositions de défense organisées aux remparts et dut constater que ces dispositions étaient fort incomplètes.

Ce ne fut, paraît-il, qu'après s'être rendu compte de l'état de grande confusion qui régnait dans la place que les généraux Douay et Ducrot se rendirent à la sous-préfecture pour avoir des renseignements s'il était possible, et conférer de la situation avec l'Empereur.

. . . .

. . . .

Le colonel Robert était resté hors de la citadelle et était remonté à cheval avec ses officiers, mais, après un certain temps, ne recevant pas d'ordres, il se décida à entrer dans la place à la recherche du général Ducrot, et arriva de proche en proche jusqu'à la sous-préfecture. Bientôt le général Ducrot sortant du salon de l'Empereur, lui remit une pièce qu'il venait d'écrire sous la dictée de Sa Majesté, et l'invita à aller la faire signer par le général Faure. Cette pièce annonçait qu'un armistice était demandé, que le drapeau parlementaire était arboré et en conséquence, elle prescrivait de suspendre partout le combat. Le général Ducrot avait refusé à l'Empereur de signer cette pièce, et on s'était arrêté à l'idée de la faire signer par le chef d'état-major général de l'armée. Le colonel Robert reçut l'ordre de trouver le général Faure, de lui expliquer comment cette pièce était rédigée par l'Empereur lui-même, et une fois que le général Faure l'aurait signée, de faire en sorte que les termes en fussent notifiés partout aux troupes à l'extérieur de la place et sur les remparts de manière à faire cesser le combat. Le drapeau blanc, signe de l'armistice, devait en même temps être arboré partout où cela serait possible, et notamment à la citadelle. Le général Faure, trouvé dans l'enceinte de la citadelle par le colonel Robert, se refusa énergiquement à signer la pièce en question, et lui dit : « Je viens de faire abattre le drapeau blanc ; ce n'est pas moi qui le ferai relever..... »

Ces deux officiers rentrèrent alors ensemble dans Sedan pour y recevoir de nouvelles instructions.

. . . .

. . . .

L'ordre de hisser le drapeau blanc et de faire cesser partout le combat fut plus tard remis au général Lebrun, qui, de son côté, était rentré dans la place et avait été mandé par l'Empereur. Le drapeau parlementaire fut de nouveau hissé sur les remparts, et le combat déjà à peu près terminé partout cessa définitivement. L'artillerie de la place avait à la fin pris quelque part à la lutte en dirigeant son tir vers les forces ennemies, maîtresses du terrain au Nord et au Nord-Est.

Ainsi, en résumé, l'Empereur averti des succès irrésistibles de l'ennemi qui avait eu pour lui l'avantage du terrain et du nombre, connaissant la fuite des troupes vers Sedan, l'impuissance probable des défenses de cette place, et enfin toutes les circonstances qui transformaient cette journée après dix heures au moins de lutte en un immense désastre, l'Empereur, paraît avoir eu dès trois heures du soir l'idée de faire cesser le combat pour éviter à l'armée des pertes désormais inutiles. Il voulait proposer un armistice, se livrer de sa personne au roi de Prusse et tâcher sans doute d'obtenir par là des conditions plus acceptables pour l'éventualité d'un traité de paix.

L'arrivée auprès de lui des généraux Douay et Ducrot put bien le confirmer dans ses résolutions, mais elle ne les avait pas précédées. L'initiative de l'idée d'un armistice qui arrêtait l'effusion du sang et sauvait de la destruction la ville de Sedan, mais à la suite duquel devait être fatalement posée la question navrante de la capitulation, paraît avoir appartenu toute entière à l'Empereur.

De l'ensemble des faits qui se sont produits dans les journées du 31 août et du 1ᵉʳ septembre, il semble très-rationnel de conclure :

1° Que le mouvement projeté par le général Ducrot le 31, en vue de prendre sur les hauteurs d'Illy la position de bivouac et de combat du 1ᵉʳ corps, changeait du tout au tout les données de la bataille du lendemain, et, sans garantir une journée heureuse pour nos armes, assurait cependant à l'armée et à l'Empereur une ligne de retraite vers Mézières ;

2° Qu'en revenant le 1ᵉʳ septembre au matin, dès qu'il eut le commandement en chef, à son idée de la veille, le général Ducrot avait encore de grandes chances de faire une retraite honorable avec quelques retours offensifs, qui auraient fait payer cher à l'armée allemande la prise inévitable de la place de Sedan;

3° Qu'en arrêtant le mouvement de retraite, dont il s'agit, on forçait l'armée à combattre sur place contre des forces trois fois supérieures, en faisant face de trois côtés à la fois, et en recevant des projectiles partis des quatre points de l'horizon, et qu'on se laissait fermer toute ligne de retraite extérieure, en même temps qu'on attirait, par la force des choses, vers ce qu'on a justement appelé la souricière de Sedan, tout ce qui, depuis le matin jusqu'au soir devait, plus ou moins à propos, quitter le champ de bataille;

4° Que le retour offensif projeté et commencé bravement, mais vainement, par le commandant en chef à la fin de la journée du 1ᵉʳ septembre, dans la direction de Carignan, n'avait aucune chance de succès, et que, dans tous les cas, ce mouvement, au moment où l'avis en est parvenu aux généraux Douay et Ducrot, ne pouvait plus être appuyé par aucune troupe à la disposition de ces officiers généraux.

———

Extrait des notes remises au chef d'état-major par le capitaine d'artillerie Achard, attaché à l'état-major du 1ᵉʳ corps.

. . . .

. . . .

Il s'agit de franchir la Meuse à Remilly et de se

porter ensuite sur Carignan. Le 1ᵉʳ corps s'ébranle de bon matin.

Les batteries de combat marchent avec les troupes d'infanterie, une partie est à l'avant-garde.

Après une attente assez longue à Remilly, pour permettre l'établissement d'un pont improvisé, car nous n'avons pas d'équipage de pont, les troupes commencent cette longue opération, protégées par la 3ᵉ division, qui occupe les hauteurs environnantes et surveille les approches. L'infanterie passe sur le pont mixte de chevalets et de bateaux construit par le génie ; l'artillerie, la cavalerie et les bagages passent sur un bac qui a été suffisament réparé.

Les trois divisions d'infanterie ayant franchi la rivière, vers trois heures, ainsi qu'une partie considérable de l'artillerie de combat, le général Ducrot et son état-major quittent Remilly et se portent, avec la tête de colonne, sur Douzy et Carignan. Je demeure aux ponts avec la mission de surveiller le passage du convoi, des réserves d'artillerie, du parc et des bagages. Cette longue file s'écoule en effet de plus en plus lentement ; le bac se fatigue, on ne peut passer qu'avec précaution. Cependant, à la nuit tombante, l'opération est terminée ; elle a été laborieuse.

Avant de partir, je prends les ordres du général commandant la division d'arrière-garde (3ᵉ division) ; il me charge de rendre compte au général Ducrot de ce qu'il a pu observer dans l'après-midi. En effet, un combat s'est livré, se livre plutôt, à Mouzon, et vers le soir divers indices nous montrent qu'il a dû être malheureux pour nos armes. Des chevaux démontés fuient à toute bride à travers champs et prairies ; quelques-uns viennent même se précipiter dans la Meuse ; ils sèment ainsi quelque désordre dans les dernières voitures de notre convoi, dont une partie a suivi la route du petit Remilly et a pu entendre la canonnade du champ de bataille.

Vers sept heures, arrivent enfin à Remilly la division Dumesnil, du 7ᵉ corps, et la 2ᵉ division de la réserve générale de cavalerie (division Bonnemain). Ces troupes occupent les positions de notre division d'arrière-garde, qui franchit enfin la rivière.

En traversant la vallée comprise entre le Chiers et la Meuse, nous apercevons une partie du champ de bataille de Mouzon ; nous voyons le feu de la canonnade sans entendre les détonations. Scène lugubre et qui produit en nous un serrement de cœur.

A Douzy, grand encombrement d'artillerie, de cavalerie et d'infanterie. Il nous faut en effet croiser la route de Mouzon, et elle est envahie par les bagages du 5ᵉ corps, qui arrivent en désordre dans leur mouvement de retraite précipité.

Le général commandant la 2ᵉ division du 1ᵉʳ corps cherche à rétablir un peu d'ordre dans ce fouillis inextricable ; il me facilite le passage d'une partie des voitures que j'accompagne et que je dirige sur Carignan par la rive gauche du Chiers. Celles qui m'ont précédé ont passé le pont de Douzy et se sont engagées sur la grande route de Sedan à Carignan, qui est devenue littéralement impraticable. Nous franchissons le Chiers à Tétaigne, pour venir joindre la grande route sus-nommée.

Mais déjà un mouvement de contre-marche s'était opéré sur cette route ; une partie des voitures, canons fourgons se dirigeait sur Sedan, tandis que l'autre continuait sur Carignan. Inquiet de ce mouvement désordonné et en ignorant les causes, j'abandonne à leurs chefs directs les voitures que j'avais accompagnées depuis Remilly, et qui, du reste, ne pouvaient plus avancer, prises comme dans un lacet par ce double courant; et je cours à toute bride à Carignan, où je rends compte de tout ce que j'avais vu au général Ducrot, que je trouve en conférence avec l'Empereur; j'apprends en même temps que l'ordre est donné de se masser autour de Sedan, où nous attendrons probablement le choc de l'ennemi. Il était alors environ onze heures du soir.

Le 31 au matin, les 1ʳᵉ et 4ᵉ divisions du 1ᵉʳ corps prenaient leurs positions de bataille sur les hauteurs qui dominent Carignan, en prévision de l'apparition probable de l'aile droite de l'ennemi, sous les ordres du prince royal de Saxe.

31 août. Positions occupées à Carignan.
Marche de Carignan sur Sedan.

Vers huit heures, l'ennemi n'étant pas signalé, ces troupes se replient en conservant leur ordre de bataille et accentuant leur mouvement sur Sedan. Nous suivons la ligne des premières hauteurs qui dominent la grande route au Nord. Cette route est encombrée de voitures de toute sorte. Des batteries ennemies, établies sur les hauteurs de Remilly et de Mairy, lancent des profusions d'obus sur ces longues files de bagages à une distance comprise entre trois et quatre kilomètres.

Parvenu à Villers-Cernay, le général Ducrot envoie en avant son chef d'état-major pour reconnaître le campement que nous devons occuper et prendre les ordres du maréchal. J'accompagne le colonel Robert pour le seconder et m'occuper en particulier de la réserve d'artillerie du corps d'armée. Nous arrivons sans encombre jusqu'à Givonne; mais là, nous nous heurtons à un de ces encombrements de voitures trop fréquents pour n'avoir pas pour cause quelque vice fondamental d'organisation de nos convois. Ce n'est

qu'avec la plus grande peine du monde que nous par-
venons à gagner le plateau de Givonne, où ont déjà
pris position les deux divisions de notre corps d'armée qui, la veille, se sont arrêtées à Douzy. La 3ᵉ division se trouve séparée de son artillerie, ce qui ne
laisse pas que d'inquiéter le général Lhériller, qui la
commande.

Après avoir pris connaissance du terrain que doivent occuper les troupes et avoir trouvé un chemin
qui, quoique difficile et escarpé, offre l'immense
avantage d'être libre, je retourne au-devant de la colonne pour la guider par ce chemin et la conduire à
son camp. Pendant le même temps, le colonel Robert se rend à la hâte à Sedan, au grand quartier général, pour prendre connaissance des ordres qui nous
concernent et venir les transmettre au général Ducrot, dont l'intention avait été de se porter le soir même
sur Illy, Floing et Saint-Menges, positions importantes à garder. Le maréchal ordonne de se concentrer sur le plateau de Givonne, entre le 7ᵉ et le 12ᵉ
corps. L'armée occupe ainsi une ligne semi-circulaire
dont une des extrémités s'appuie à Sedan (la droite),
et l'autre à une ligne de hauteurs dominant la Meuse
vers Floing.

Les troupes bivouaquèrent le 31 ; elles étaient ha-
rassées de fatigue, et les derniers détachements n'arrivèrent que vers onze heures du soir à leur destination
Il fut impossible de songer à une distribution quel-
conque de vivres pour la plupart d'entre eux.

1ᵉʳ septem -
bre . Bataille
de Sedan.

L'action s'engage aux premières lueurs du jour par
une vive fusillade sur le front du 12ᵉ corps, qui a devant lui les troupes bavaroises.

Le 1ᵉʳ corps est disposé de manière à couvrir Givonne et le ravin qui descend de ce village vers Dai-

gny, la Moncelle et Bazeilles. Une brigade de la 3e division est envoyée en renfort au 12e corps, et la moitié de la 4e division prend position vers Daigny à six heures et demie.

Le général Ducrot dispose plusieurs batteries de 4, de 12 et de canons à balles (mitrailleuses), de manière à balayer les hauteurs à l'Est de Givonne et la route de Villers-Cernay ; mais la distance est déjà bien grande pour la portée de nos pièces. Cette opération terminée, nous attendons.

Vers sept heures et demie un billet du maire de Villers-Cernay est apporté au général ; il annonce l'arrivée par cette route de forces ennemies considérables. C'est la garde prussienne et les troupes du prince de Saxe ; l'attention est vivement éveillée de ce côté. Cependant ces troupes exécutent leur mouvement en dehors de nos moyens d'action et mettent à profit les nombreux fourrés dont la contrée est couverte. Quelques troupes d'infanterie sont cependant aperçues vers huit heures, débouchant d'un bois situé à l'Est de Givonne et non loin de la route de Villers-Cernay. Nos canons à balles envoient quelques volées de mitraille dans cette direction et dispersent instantanément ces troupes. Et cependant le feu de ces pièces n'est pas très-bien dirigé ; chacune d'elle fait feu pour son compte et avec une trop grande précipitation.

En ce moment on vient annoncer au général Ducrot que le maréchal est blessé, et qu'il est, lui, désigné pour prendre le commandement de l'armée. Il ordonne immédiatement un mouvement de retraite de l'aile droite afin de déjouer les projets de l'ennemi, qui consistent, pense-t-il avec raison, à nous occuper sur notre droite, tandis que des forces considérables, longeant la frontière belge, tournent notre position au Nord et cherchent à nous envelopper.

Ce mouvement avait déjà reçu un commencement d'exécution lorsque le général de Wimpffen réclama le commandement en exhibant un pli ministériel qui l'investissait éventuellement de cette charge, et son premier soin fut d'arrêter le mouvement de retraite précédemment ordonné. Dès lors nous tombions en plein dans le piége que nous tendait l'ennemi. Mais que de fatalités s'attachaient à nous comme pour assurer notre perte!!

En effet, vers 11 heures nous étions assaillis par un feu violent d'artillerie venant des hauteurs de Floing et un peu plus tard de Fleigneux et d'Illy. Le 7e corps se trouvait aux prises avec les têtes de colonne du prince royal de Prusse débouchant de Saint-Menges et Floing après avoir passé tranquillement la Meuse dans la nuit au pont de Donchery. Ce pont, par suite d'une circonstance inexpliquée, n'avait pas été détruit.

Cette audacieuse manœuvre de l'ennemi, si importante pour lui, s'était accomplie en quelque sorte sous le canon de la place de Sedan, sans que la moindre tentative eût été faite pour l'empêcher ou le retarder. Nous devions payer bien cher cette faute.

Toutes les troupes disponibles du 1er corps d'armée furent alors amenées au secours du 7e corps. La réserve d'artillerie vint s'établir en face d'une batterie ennemie d'une cinquantaine de canons qui étaient déjà en position depuis longtemps et dont le tir était parfaitement réglé. Cette situation si désavantageuse à notre artillerie était encore aggravée par la supériorité numérique des pièces ennemies, et le degré plus grand de justesse. Aussi les premières batteries fran-

çaises en position furent-elles balayées et littéralement pulvérisées en quelques minutes. Elles furent
immédiatement remplacées, et cette fois la résistance
fut terrible. L'héroïsme déployé dans cette circonstance par l'artillerie, sûre d'avance d'être écrasée, est
bien au dessus de tout ce que nous pourrions expri-
mer. Elle eut, du reste, la consolation d'arrêter pendant un certain temps l'élan de l'ennemi et de permettre à nos troupes de cavalerie et d'infanterie de
préparer une dernière tentative (tentative désespérée
pour briser le cercle de fer et de feu qui nous étreignait), en attirant sur elle les efforts de l'ennemi pendant un temps que nous pouvons évaluer à une demi-
heure environ.

Hélas! ce mouvement devait échouer; mais l'artillerie put se dire qu'elle avait fait tout ce qu'il fallait
pour en faciliter la réussite.

En effet, pendant ce combat glorieux de notre artillerie, le général Ducrot rassemblait la cavalerie et
l'infanterie qui lui restaient sous la main, et tentait,
par un appel énergique et suprême aux sentiments
d'honneur et de devoir, de faire passer dans l'âme de
ses troupes la mâle et courageuse résolution dont il
était lui-même animé. La cavalerie répondit noble-
ment à cet appel et fournit une charge des plus bril-
lantes mais qui vint se briser contre une nouvelle
pluie de feu qui eut bientôt entassé pêle-mêle chevaux
et cavaliers. L'infanterie, hélas! était accablée; tout
ressort en elle était brisé : depuis le matin elle
avait supporté une canonnade ininterrompue qui
l'avait désorientée d'abord, puis démoralisée. Elle
reste sourde à la voix de ses chefs. Par trois fois le
général Ducrot et son état-major se mirent à sa tête
pour la ramener au feu; ils obtinrent d'elle l'obéis-

sance, mais ce fut tout. Chaque fois qu'ils durent porter leurs soins ailleurs, elle n'écouta plus ses officiers et lâcha pied.

Les derniers événements que nous venons de raconter se passaient vers trois heures environ. Les derniers éléments de notre résistance venaient de se briser entre nos mains.

Le cercle de feu qui nous étreignait, se rétrécissait et s'épaississait de plus en plus. L'armée du Prince royal avait donné la main vers Illy à celle du prince de Saxe. Bientôt toute l'armée française, dans la plus affreuse déroute, fut refoulée sous les murs de Sedan, où le drapeau blanc avait été arboré vers trois heures. On se battait encore à l'aile droite pourtant, mais là même l'espoir du succès avait disparu. Tout se précipita pêle-mêle dans la place, et cette nuit offrit un spectacle que n'oublieront jamais ceux qui ont eu le malheur de le voir.

Extrait des souvenirs du commandant Faverot de Kerbrech.

. . . Je suis envoyé à la cavalerie dont les divisions n'ayant pas un commandant en chef n'étaient pas réunies. Je ne trouve que celles des généraux Margueritte et de Fénelon. Je les amène, et le général Ducrot les forme sur la gauche en leur disant d'attendre. Je cours dire à l'artillerie de réserve de se hâter. Mais le terrain lourd, sablonneux, l'empêche d'avancer plus rapidement.

Je rejoins le général Ducrot dans le ravin qui borde le plateau. Ce ravin était alors inondé de la plus formidable pluie de projectiles qu'il ait jamais, au dire de quelques vieux soldats qui nous entouraient, été donné de voir tomber en un même endroit d'une bataille. Les obus venaient de *tous les points de l horizon* et s'y réunissaient pour écraser nos malheureuses troupes. Les pièces que nous établissons à la gauche du bois en avant de nous sont démontées aussitôt, les chevaux, les servants à peine en position, sont tués ou hors de combat ; le général Ducrot fait venir successivement tout ce qu'on a pu réunir d'artillerie et place *lui-même* les batteries dont bien peu d'hommes restent debout.

Alors il va trouver les chasseurs d'Afrique et ordonne au général Galiffet de charger. Ces braves régiments s'élancent avec un entrain magnifique, mais leur effort vient se briser contres les masses ennemies. Décimés, ils se reforment à nos côtés.

Enfin nous apercevons la division Pellé. Nous l'amenons en avant de la cavalerie et aussitôt le général Ducrot m'envoie porter au général de Galiffet l'ordre de charger une seconde fois ; il espère ainsi, pendant que l'ouragan équestre passera, entraîner l'infanterie à la baïonnette et peut-être culbuter l'ennemi. Nous mettons tous l'épée à la main.

Le général de Galiffet, superbe de sang-froid, me répond qu'il ne peut agir à l'endroit où il se trouve ; qu'en arrivant à demi-portée des Prussiens il sera arrêté par un obstacle infranchissable et il me mène au galop reconnaître l'exactitude de son dire. Je retourne ventre-à-terre en informer le général Ducrot qui vient alors à son tour, reporte vers leur droite les chasseurs d'Afrique de la division Margueritte, et les lance à la charge. . . . .

Instant solennel, spectacle émouvant et sublime qui restera éternellement gravé dans la mémoire de ceux qui ont eu l'honneur de voir ces héroïques régiments, guidés par leur jeune et brillant général, courir à la mort avec la furie de nos pères. On eût dit l'enthousiasme d'un jour de victoire !

Pendant que passe la charge, le général Ducrot se place l'épée haute, avec son état-major, devant l'infanterie et s'écrie : « En avant, en avant, mes enfants!.... A la baïonnette !... » Mais hélas ! le feu est si meurtrier et le moral si affaissé par les pertes de la journée que bien peu d'hommes le suivent. . . . . .

A ce moment reviennent les rares et glorieux débris de la brigade Galiffet. Ils se groupent auprès du général Ducrot dont la tentative pour marcher en avant a été infructueuse. Nos pièces ne tirent plus. Les troupes se débandent et nous nous trouvons bientôt sans soldats sur ce douloureux champ de bataille. Tout fond autour de nous. . . . .

Souvenirs du colonel d'Andigné, chef d'état-major de la 4ᵉ division du 1ᵉʳ corps.

30 août.

. . . .
Nous arrivons à Raucourt à une heure du matin. L'Empereur et le grand quartier général y sont. On nous dit que le 12ᵉ corps a passé, le 29, la Meuse à Mouzon, nous couchons dans une grange.

Départ de Raucourt à huit heures du matin, nous passons la Meuse à Rémilly. Cette marche en avant, la beauté des côteaux de la Meuse, un soleil splendide qui donne plus de charmes aux magnifiques prairies à travers lesquelles le 1ᵉʳ corps marche sur Tétaigne pour y passer le Chiers, ont fait oublier les misères passées et rendu à tout le monde la confiance. Nous arrivons à Carignan, où l'on bivouaque sur les hauteurs un peu avant la nuit. Le général ayant malheureusement envoyé le sous-intendant avec les bagages qui ne nous rejoignent pas, la 4ᵉ division ne reçoit pas de vivres.

Je loge avec le général de Bellemare (chez M. Delescluze).

Notre joie n'a pas été de longue durée. La nouvelle de la surprise impardonnable et de la destruction partielle du 5ᵉ corps et l'échec de la division Grandchamp, du 12ᵉ corps, arrive dans la soirée. Craignant encore que le 7ᵉ corps ne soit coupé de nous, le maréchal s'est décidé dans la nuit à faire rétrograder tous les équipages vers Sedan et Mézières. Le 1ᵉʳ corps reçoit également l'ordre de revenir sur ses pas. Les deux dernières divisions partent à huit heures du matin et se dirigent par Osnes, Mézincourt, Escombes, Francheval et Villers-Cernay-sur-Givonne. Un arrêt de trois heures, fait sur la fausse prévision d'une attaque à Villers-Cernay, est cause que nous n'arrivons qu'à la nuit noire sur les hauteurs qui dominent Givonne. On ne peut retrouver le troupeau de bœufs qui nous suit, et nos troupes ne reçoivent rien encore.

La véritable cause de cet arrêt était l'encombrement de la route, couverte des bagages en désordre des 5ᵉ, 7ᵉ et 12ᵉ corps.

Je cherchais comment faire venir de Sedan les vivres nécessaires à la division, lorsque le canon des Allemands, qui veulent forcer le passage de la Meuse à Bazeilles, oblige de se préparer au combat. La 1ʳᵉ brigade de la 4ᵉ division est envoyée, pour éviter que l'armée ne soit tournée par la gauche, occuper en hâte les plateaux et les bois qui dominent Daigny à l'Est; nous arrivons trop tard sur ces belles positions qu'aucun de nous ne connait et sur lesquelles l'ennemi est établi en partie. Notre artillerie, placée en bataille, à quatre ou cinq cents mètres des tirailleurs (ennemis) saxons, est très rapidement démon-

31 août.

tée, nos troupes, affaiblies, par la fatigue et par le manque de confiance, ne sont plus ce qu'elles s'étaient montrées à Fræshwiller; enfin, les généraux de Lartigue, Fraboulet, et nous tous, sommes constamment au milieu de nos tirailleurs ; nous sommes d'ailleurs numériquement trop faibles pour résister à cet immense mouvement tournant. Car, par suite de la blessure du maréchal, le général Ducrot, qui lui a succédé, pensant avec juste raison que la retraite sur Mézières était le seul moyen d'éviter un désastre, a retenu notre 2ᵐᵉ brigade, avec l'intention de nous rappeler nous-même bientôt : et le général de Wimpffen, lui succédant une demi-heure après, a oublié, en redonnant l'ordre de se porter en avant, de nous faire soutenir.

Vers neuf heures, après deux heures seulement d'engagement, notre division est en pleine retraite sur Daigny et Givonne. Mon bon cheval Clown reçoit une balle qui lui perce le cou. Je le renvoie par un dragon d'escorte au campement et je monte celui de ce cavalier. Prévenu que le village de Daigny est attaqué par le Sud, j'y envoie trois compagnies de zouaves qui malheureusement ne peuvent que se réunir à une portion du 1ᵉʳ bataillon de chasseurs qui tient encore une portion du village. Peu après le général Lartigue est obligé de se retirer, avec les derniers zouaves qui tiennent encore les positions, par Daigny. Mais les Prussiens sont déjà maîtres de la moitié du village et nous ne pouvons traverser le carrefour auquel aboutit notre route. Cela amène de la confusion ; les zouaves se jettent dans les maisons à droite, par les jardins desquelles ceux qui ne sont pas pris rejoignent leurs camarades et les chasseurs.

Nous trouvant isolés à cheval, au milieu du feu,

nous tentons de nous frayer un passage (le général Lartigue, moi, le capitaine Rosselin, et deux dragons de l'escorte), en grimpant à pied un sentier qui nous mène derrière les maisons, et là nous lançons nos chevaux en cotoyant la crête sous le feu, à 100 mètres de la ligne des tirailleurs ennemis. Le cheval du général est tué par un obus, il peut se dégager en descendant à travers les gradins que forment les jardins; peu après, quelques pas plus loin, car je ne sus que plus tard ce qu'était devenu le général, mon cheval reçoit une balle qui traverse son corps et mon mollet gauche; nous roulons ensemble en descendant un petit talus. Je me dégage et me relève, et je vois que les autres cavaliers ont passé. La pensée que j'ai seul sur moi la carte du pays, me fait essayer s'il me serait possible de marcher avec ma jambe blessée et de gagner le couvert d'un petit bois à cinquante pas en avant. Je reçois alors une autre balle qui me fracasse l'avant bras droit. Il était neuf heures et demie, deux chasseurs saxons arrivent sur moi, mais passent en me voyant blessé. Je tombe et m'étends au pied d'un talus dans un champ de betteraves et j'y reste jusqu'à quatre heures et demie sous le feu des balles et des obus de nos tirailleurs qui, des hauteurs voisines, criblaient le plateau. A quelque chose malheur est bon, les éclats d'obus arrivent assez près de moi pour me permettre d'en trouver deux à ma portée pour chasser un vilain cochon qui vient sentir mes plaies.

Les chasseurs saxons se sont emparés de notre plateau que leurs lignes successives occupent tout le jour et nous traitent, d'autres blessés et moi, fort bien en m'offrant tous du vin de leur gourde et quelques morceaux de sucre. Un d'entre eux pourtant me vole ma montre et ma croix et m'aurait dépouillé davantage si je ne l'avais vivement repoussé de ma main gauche, et retrouvé assez d'allemand pour le menacer de le faire fusiller comme pillard. Un major, à qui je rends compte de ce fait vers trois heures, en était effectivement indigné, et me dit tous ses regrets de ne pouvoir retrouver le coupable.

Aussitôt la fin de la bataille et dès que la sécurité est rendue à ce plateau, les Tragers viennent me chercher sur un bon brancard et me transportent avec des soins infinis à l'ambulance de la garde, à Daigny. Deux heures après, sur la recommandation de M. Lotichan, Saxon que j'ai un peu connu à Paris, le docteur Pfëiffer, de la Société Internationale, écrit à ma femme pour lui donner de mes nouvelles, une lettre qui ne parvint qu'au bout d'un mois, et le chirurgien en chef de l'armée me fait transporter au château de Daigny, dans une jolie chambre au premier, où l'on met à ma disposition un fantassin de marine légèrement blessé du nom de Conty ; on me dit le soir que nous avons complétement perdu la bataille, ce qui devait arriver dans la déplorable condition de l'armée et la funeste détermination de renoncer à une rapide retraite sur Mézières. L'armée française se retire dans la ville et sous les canons de Sedan, et les bruits d'armistice circulent.

2 septembre.

Nuit assez bonne, blessé comme je le suis. Je n'entends pas le bombardement ordonné par le prince Frédéric-Guillaume, les bruits d'armistice sont donc fondés.

Je passe une journée bien pénible et une nuit plus affreuse encore en songeant à la honte dont notre malheureuse armée couvre la France !

PIÈCES RELATIVES

A L'ÉVASION DU GÉNÉRAL DUCROT

Évadé dans la nuit du 11 au 12 septembre, le général Ducrot, en arrivant à Chagny dans la soirée du
12, envoyait à sa famille le télégramme suivant :

« Chagny, 13 septembre 1870.

» *Madame Ducrot, à Pougues-les-Eaux.*

» Je me suis échappé des mains des Prussiens. —
» Je suis libre de ma personne, libre de tout engage-
» ment. — J'arriverai cette nuit à Chazelles. »

Arrivé en Nivernais, dans la nuit du 13 au 14, il
venait d'embrasser sa femme et ses enfants lorsqu'il
reçut un télégramme du général Trochu qui l'invitait
à se rendre immédiatement à Paris. — Trois heures
après, il partait par la voie de Bourges, celle de Fon-
tainebleau étant déjà coupée. — Le 15 au matin, il
était à Paris ; le 16, il prenait le commandement des
13e et 14e corps ; le 17, il visitait avec le gouverneur
de Paris les hauteurs qui s'étendent de Montretout à

Bagneux, et jugeant qu'il fallait au moins tenter de les défendre, il s'installait dans la soirée, avec le 14ᵉ corps, sur les hauteurs de Châtillon.

Dans la journée du 18, prévenu par ses reconnaissances de la présence des Prussiens à Villeneuve-Saint-Georges et Choisy-le-Roi, il prenait la résolution de les attaquer pendant leur marche téméraire sur Versailles, par le ravin de la Bièvre.

Dans ce but, il livrait le 19, le combat de Châtillon qui, s'il eût été heureux, aurait certainement retardé de plusieurs semaines l'investissement de Paris et permis de mettre en sérieux état de défense toutes ces positions importantes sur lesquelles les travaux n'étaient encore qu'ébauchés.

Lettre du colonel Robert, chef de l'état-major général du 1ᵉʳ corps, à M. le général Ducrot.

Stettin, 21 février 1871 (Poméranie).

Mon général,

J'ai fermé hier la lettre que je vous ai adressée avant d'avoir terminé les renseignements que je désirais vous donner; je tenais avant tout à ce que cette lettre partît sans plus de retard. Je viens compléter aujourd'hui les indications et explications nécessaires.

Nous avions lu dans les journaux, pendant la première quinzaine d'octobre, et notamment dans le *Times*, l'*Indépendance* et quelques journaux allemands, l'accusation que l'on faisait peser sur vous à propos de votre retour en France. Comme j'avais ici avec moi tout notre état-major du 1ᵉʳ corps, je réunis

ces messieurs, et nous résolûmes de protester contre
cette accusation, nous qui savions combien elle était
mal fondée, et qui étions vos témoins d'autant plus
dignes de foi, que nous nous trouvions depuis plus
d'un mois déjà tout à fait séparés de vous et tout à
fait libres de nous taire, si nous n'eussions rien eu à
dire pour votre justification. — Notre première idée
fut d'envoyer des réponses aux journaux signées de
nous tous ; mais nous avions pris en arrivant ici l'engagement d'honneur (qui demeure encore maintenu)
de ne recevoir et de n'envoyer aucune correspondance autrement que par l'intermédiaire du commandant militaire de Stettin. — Nous dûmes donc en
référer à ce commandant ; dès lors nous eûmes l'idée
qu'il convenait de donner à notre démarche un caractère plus sérieux que celui qui résulterait d'une simple réponse aux journaux, et nous résolûmes de déposer une protestation signée de nous tous entre les
mains du général commandant la forteresse de Stettin, avec prière de la transmettre au commandement
supérieur de l'armée allemande. — Nous demandâmes,
moi, Corbin et Rouff, une audience au général, M. de
Freiholl (maintenant décédé). Je remis entre ses
mains notre protestation collective et la minute en
allemand et en français de la note que nous deman-
dions à faire insérer dans les journaux.—Nous eûmes
une assez longue conversation avec le général, par
l'intermédiaire du capitaine Rouff, qui parle l'allemand. — Il fut bienveillant, nous engagea à ne rien
écrire dans les journaux, parce que ce serait ouvrir
une polémique interminable et présentant de grands
inconvénients. (Nous dûmes comprendre que son conseil était un ordre.) Il ajouta que vous sauriez bien
répondre vous-même sans doute. — Quant à la pro-

testation, il vit aussi des inconvénients, nous dit-il, à la transmettre au ministre de la guerre à Berlin ; mais en résumé il ne nous la rendit point et la *conserva*. — Enfin, lorsque j'eus insisté pour que Rouff lui expliquât bien les termes de la capitulation, d'une part, et ceux du sauf-conduit, de l'autre, et tout ce que vous aviez fait pour dégager rigoureusement votre parole, il fut conduit à dire que si les choses étaient ainsi, il pensait qu'il se serait cru autorisé à faire comme vous. J'appuyai sur le texte de la capitulation qui partage les officiers en deux catégories, l'une (art. 2) composée de ceux qui rentraient en France, en signant le *revers,* avec armes, chevaux et bagages, et qui devenaient *libres sur parole, hic et nunc ;* l'autre (art. 5) composée de ceux qui, n'ayant pas voulu du bénéfice de l'article 2, demeuraient, une fois enclos dans la prison d'Iges, des *prisonniers gardés*, exposés aux coups de fusil en cas de tentative d'évasion. — C'est dans cette seconde catégorie que nous avons, vous et nous, été compris, et dont nous ne sommes sortis (nous qui n'avons pu nous échapper) qu'après notre arrivée ici, en signant *un nouvel engagement d'honneur.* — Ce n'est que transitoirement et uniquement pour le trajet de Glaire à Pont-à-Mousson, que nous sommes devenus prisonniers sur parole ; et nous sommes *redevenus prisonniers gardés,* au moment où, après nous être rendus tous à la gare à l'heure prescrite, nous nous y sommes mis pour la *seconde fois* (l'ayant déjà fait une première fois sur la place de l'hôtel de ville) à la disposition de l'autorité allemande, dans une gare gardée par des sentinelles qui avaient chargé leurs armes devant nous. Voilà ce que nous avons expliqué au général de Freiholl, et ce que contenait en substance notre protestation dont,

au surplus, je compte vous envoyer une copie certi-
fiée par moi. Je ne crois pas me tromper en pensant
que notre protestation aura été envoyée au ministre;
mais, dans le cas contraire, elle a dû rester ici aux
archives de la commandature puisqu'on ne nous l'a
pas rendue.

Voilà, mon général, les renseignements que je tenais à vous donner. Mme Ducrot a été précédemment informée sommairement de la démarche que
nous avions faite et peut-être aura-t-elle pu déjà vous
en donner avis. — Les signataires sont, avec moi,
Corbin, Rouff, Peloux, de Sancy, de la Noüe, Achard,
d'Aupias, des Roches et de Lissac. — La protestation
est en date du 14 octobre.

Adieu, mon général, je vous adresse encore cette
lettre à Paris, sans trop savoir si ce n'est pas plutôt à
Bordeaux qu'elle devrait être envoyée. — Je vous
prie d'agréer l'assurance de mon respectueux atta-
chement.

Le colonel ROBERT.

Lettre de M. le colonel Robert (1), *chef de l'état-major
général du 1er corps, à M. le général de Freiholl,
commandant la place de Stettin.*

Stettin, le 14 octobre 1870.

Monsieur le général,

M. le général de division Ducrot, ancien commandant en chef du 1er corps de l'armée du maréchal de
Mac-Mahon, a été accusé dans quelques journaux,
d'après des renseignements venus, disent-ils, de Fer-
rières, *d'avoir manqué à sa parole d'honneur après la*

(1) Aujourd'hui général Robert, représentant à l'Assemblée nationale.

*capitulation de Sedan, en rentrant en France au lieu
de se constituer prisonnier en Allemagne, comme il
l'avait promis.* De nouveaux commentaires à la charge
de cet officier général viennent de se produire dans
le journal de Stettin du 11 octobre, en réponse à ce
qu'il paraît à une note rectificative insérée dans un
journal français.

Les officiers qui, sous mes ordres, ont, en dernier
lieu composé l'état-major général du 1er corps d'armée,
et qui sont présents à Stettin, se sont émus avec moi
de ces accusations réitérées publiées contre leur ancien chef, et nous avons considéré comme un devoir
d'honneur et de conscience de protester sans plus tarder contre elles, en apportant ici le témoignage des
faits qui sont à notre connaissance et qui disculpent
le général Ducrot des imputations dont il est l'objet.

Ces faits sont consignés dans une note ci-jointe :
— J'ai l'honneur de vous prier, Monsieur le général,
tant en mon nom personnel qu'au nom des officiers
signataires de cette note, de vouloir bien la soumettre,
avec ma présente lettre, au commandant supérieur de
l'armée allemande.

Nous vous prions en même temps de nous permettre de faire insérer dans le journal de Stettin et dans
l'Indépendance belge une autre note dont nous mettons le texte sous vos yeux.

Agréez, etc.

Signé : Colonel ROBERT.

*Protestation des officiers de l'état-major général
du 1er corps*

Les officiers soussignés ayant en dernier lieu composé l'état-major général du 1er corps d'armée, pro-

testent contre les accusations dont M. le général Ducrot est en ce moment l'objet dans plusieurs journaux, et motivent leur protestation par les faits qu'ils attestent :

1° M. le général Ducrot ne fut point autorisé, comme le furent plusieurs généraux, à se rendre librement, dans un délai et par un itinéraire déterminé, en passant par la Belgique, dans la ville d'Allemagne qui lui serait désignée comme lieu de captivité, mais il lui fut permis seulement (comme à tous les autres généraux qui demeurèrent quelque temps avec les troupes dans la presqu'île de Glaire) de se rendre librement, sur parole, de Glaire à Pont-à-Mousson, avec ordre d'y arriver à jour et à heure fixes, en marchant avec ses officiers d'état-major, et en se faisant suivre de quelques domestiques, de quelques chevaux et de bagages portés sur des voitures.

2° L'engagement écrit qui lui fut alors imposé, le constituait *prisonnier sur parole d'une manière essentiellement temporaire,* et seulement pour le trajet de Glaire à Pont-à-Mousson, où il devait se mettre à la disposition du commandant militaire, lui, son état-major et sa suite, le 11 septembre vers midi.

3° Le général Ducrot, nous l'affirmons, a rempli de point en point cet engagement. — Non-seulement il s'est rendu avec nous à Pont-à-Mousson, non-seulement il s'y est mis comme nous à la disposition du commandant militaire en envoyant un de ses officiers d'ordonnance (qui parlait la langue allemande) présenter et rendre le sauf-conduit qui lui avait été remis à Glaire ; mais encore, après avoir reçu, par l'intermédiaire de cet officier d'ordonnance, l'ordre de se rendre vers une heure et demie à la gare du chemin de fer, il s'est réellement rendu, *en tenue militaire,* dans cette gare, où nous l'avons vu pendant que le départ du convoi qui devait nous emmener se préparait par les soins d'un commissaire allemand. Ce convoi, qui contenait un grand nombre de soldats prisonniers et de blessés, et qui était d'une longueur exceptionnelle, n'est d'ailleurs parti que vers quatre heures. Un poste militaire, *dont les armes avaient été chargées devant nous,* faisait alors un service de surveillance dans la gare et aux alentours.

Là se bornent les faits que nous pouvons attester avec certitude, car au moment où le départ du train était enfin prochain, nous sommes montés à la hâte dans une voiture de troisième classe qui nous a été désignée et nous n'avons plus revu M. le général Ducrot.

Il résulte pour nous de ces faits que si M. le général Ducrot, à partir de ce moment a pu, soit à Pont-à-Mousson, soit ailleurs, tenter et accomplir une évasion qui devait être assez difficile et qui n'était pas sans périls, c'est qu'il pouvait se considérer comme *ayant cessé d'être prisonnier sur parole,* pour devenir *un prisonnier surveillé.*

Stettin, 14 octobre 1870.

Ont signé :

Le colonel ROBERT, ex-chef d'état-major du 1er corps ; le commandant CORBIN, ex-sous-chef ; ROUFF, capitaine d'état-major ; PELOUX, capitaine d'état-major ; ACHARD, capitaine d'artillerie ; DES ROCHES, lieutenant du 10e dragons ; D'AUPIAS, lieutenant du 11e chasseurs ; DE SANCY, lieutenant d'état-major ; DE LANOUE, lieutenant d'état-major ; DE LISSAC, lieutenant du 16e bataillon de chasseurs ; officiers ayant composé l'état-major général du 1er corps.

Pour copie :

Le colonel ROBERT.

Au moment où la convention du 28 janvier fut
signée, le général Ducrot se trouvait sans commandement; il avait été mis en disponibilité lors de la
réorganisation de toutes les forces militaires de Paris
en une seule armée, sous le commandement en chef
du général Vinoy.

Lorsque l'état-major général et le ministre de la
guerre établirent les listes des prisonniers de guerre,
le général Ducrot ne fut compris sur aucune et
l'observation en fut faite par M. le comte de Bismarck dans une conversation qu'il eut avec M. Jules
Favre le 9 du mois de février.

Toutefois, M. de Bismarck admit comme parfaitement fondée la raison donnée par M. Jules Favre, à
savoir, que le général Ducrot n'avait pas été considéré
comme prisonnier, parce qu'il n'appartenait plus à
l'armée active au moment de la signature de la convention. — Le comte de Bismarck ajouta : « Tant
» mieux, cela simplifie les choses, parce que nous
» pourrions avoir une question délicate à régler avec
» le général Ducrot au sujet de son évasion, après la
» capitulation de Sedan. »

Aussitôt que le général Ducrot eut connaissance de
ce double fait, c'est-à-dire, de son omission sur la liste
des prisonniers et de la persistance de M. de Bismarck
à mettre en doute la régularité de sa situation,
comme prisonnier évadé, il adressa au major-géné-
ral de l'armée allemande la lettre suivante :

Paris, 10 février 1871.

Mon général,

J'apprends à l'instant, par M. Jules Favre, qui a eu
à ce sujet une conversation avec M. le comte de Bis-

marck que je ne suis pas compris sur la liste des prisonniers de guerre.

Il est vrai que j'ai été mis en disponibilité le 26
janvier, c'est-à-dire antérieurement à la convention
du 28, mais je ne saurais me retrancher derrière une
subtilité réglementaire pour bénéficier d'une disposition aussi imprévue.

Je tiens à honneur de partager le sort de l'armée
que j'ai commandée pendant toute la durée du siége,
et je prie Votre Excellence de vouloir bien faire ajouter mon nom à ceux des officiers portés sur la liste
qui est entre ses mains.

Cette formalité remplie, je prie Votre Excellence de
vouloir bien me donner les moyens de comparaître le
plus tôt possible devant un conseil de guerre ou un
tribunal d'honneur pour statuer sur la question de
mon évasion, après la capitulation de Sedan ; évasion
au sujet de laquelle, j'ai vu avec douleur que malgré
les explications très-nettes que j'ai fournies, des doutes
sont restés dans l'esprit des officiers de l'armée allemande.

Je réclamerai le même droit pour quatre officiers
de mon état-major qui sont dans la même situation
que moi, ce sont : MM. le comte DE CHABANNES, chef
d'escadron d'état-major; le commandant BOSSAN, chef
d'escadron d'état-major ; le baron FAVEROT DE KER-
BRECK, chef d'escadron de cavalerie; le capitaine DE
GASTON, officier d'ordonnance.

Veuillez agréer, mon général, l'assurance de
ma haute considération.

Le général de division.

A. DUCROT.

Ex-général en chef de la deuxième armée de Paris.

Le général Ducrot eut soin de faire porter cette lettre au quartier général prussien par le commandant Faverot de Kerbreck et le capitaine de Gaston, précisément cités dans ladite lettre.

Leur présence n'amena aucune observation de la part de l'état-major allemand, et dès le lendemain le général Ducrot recevait de M. le comte de Moltke la réponse à sa lettre.

Grand quartier général
de S. M. l'Empereur.

—

Chef d'état-major gé-
néral de l'armée.

Versailles, 12 février 1871.

A Son Excellence l'ex-commandant la 2ᵉ armée de Paris, M. le général de division A. Ducrot.

J'ai l'honneur de répondre très-respectueusement à la lettre que Votre Excellence a bien voulu m'adresser hier que, suivant le vœu qui y est exprimé, le nom de Votre Excellence sera porté sur la liste des prisonniers de guerre de Paris. — En conséquence de la proposition que fait ensuite Votre Excellence, le conseil de guerre demandé sera réuni aussitôt que cela sera pratiquement possible, et Votre Excellence sera avertie de l'époque de cette convocation par le ministre de la guerre et de la marine, le général d'infanterie de Roon.

Avec une haute considération,

Je suis, très-respectueusement,

Comte DE MOLTKE,
Général d'infanterie et chef d'état-major général
de l'armée allemande.

Le général Ducrot répliqua immédiatement à M. le général de Moltke dans les termes suivants :

Paris, 14 février 1871.

A Son Excellence le comte de Moltke, général d'infanterie, chef d'état-major général de l'armée allemande.

J'ai l'honneur d'informer Votre Excellence que je me rends à Bordeaux, pour siéger à l'Assemblée nationale. Je me tiendrai à la disposition du conseil de guerre annoncé, lorsqu'il paraîtra possible à Son Excellence Monsieur le ministre de Roon de le convoquer.

Veuillez agréer, mon général, l'assurance de ma haute considération,

Le général de division
A. DUCROT.

Ce fut M. le comte de Bismarck qui répondit à cette seconde lettre.

Versailles, 17 février 1871.

Monsieur le général,

En réponse à votre gracieuse lettre du 14 de ce mois à Son Excellence Monsieur le général de Moltke et qui me l'a remise, j'ai l'honneur de vous répondre, avec le plus profond respect, que jusqu'ici les officiers français prisonniers de guerre qui ont prié Sa Majesté l'Empereur et Roi de leur permettre d'aller à Bordeaux, ont reçu la présente lettre. — Et pour cette raison, je vous offre un même écrit, puisque selon votre désir vous avez été compris parmi les officiers français prisonniers.

Veuillez agréer, Monsieur le général, l'assurance de ma considération la plus distinguée.

Comte DE BISMARCK.

Le général Ducrot a vainement attendu qu'il fût *pratiquement possible* de réunir le conseil de guerre annoncé par M. le général de Moltke. Ne voulant pas cependant laisser subsister l'ombre d'un doute sur la parfaite loyauté de sa conduite, il a demandé à soumettre les faits relatifs à son évasion à l'examen de la commission instituée par la loi que l'Assemblée nationale a votée dans sa séance du 8 août 1871. A la suite de cet examen, le président de la commission, l'honorable général Changarnier, a adressé au général Ducrot la lettre suivante :

Monsieur le général Ducrot, à l'Assemblée nationale.

Versailles, 16 septembre 1871.

Cher général,

La commission nommée par l'Assemblée nationale, en exécution de la loi votée le 8 août 1871, a entendu les explications que vous avez spontanément cru devoir lui donner au sujet de votre évasion après la capitulation de Sedan.—Elle vous félicite, cher général, d'avoir tenu à honneur de reprendre les armes dès qu'il vous a été possible de vous soustraire à la surveillance de l'ennemi dont vous étiez le *prisonnier gardé.*

Croyez, cher général, à mes sentiments d'affectueuse estime.

Le *Président,*
CHANGARNIER.

Paris. — Imp. Balitout, Questroy et Cᵉ, 7, rue Baillif.

Echelle à

Positions occupées par les
Armées Française et Allemande
le 31 Août au soir.

Positions de l'armée Allemande
(d'après le rapport Allemand)

Positions de l'armée Française

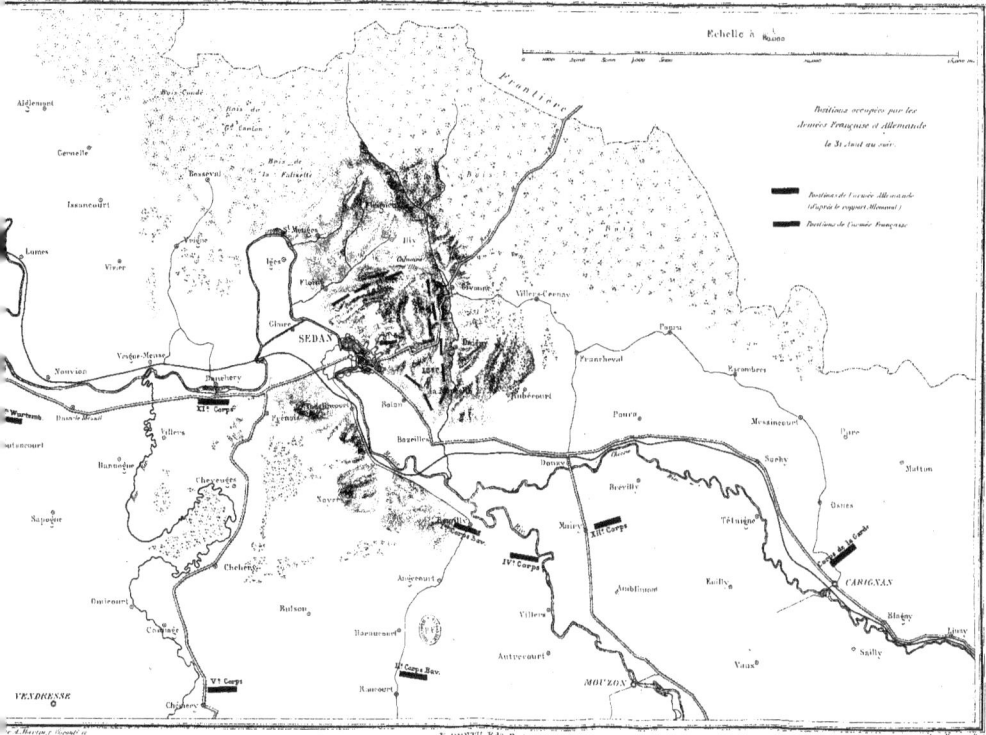

Aldiencourt
Corneille
Bois-Condé
Bois de St Coulon
Issancourt
Bosseval
Bois de la Falizette
Lumes
Vrigne
Vieux
Illy
Vivier
Olivier
Givonne
Fleigneux
Daigny
Villers-Cernay
Igre
Floise
Glaire
Givonne
SEDAN
Fond de Givonne
Pourru
Escombres
Nouvion
Vrigne-Meuse
Donchery
Balan
Francheval
Daigny
Wadelincourt
Iges
Rubécourt
Wurtemb.
Donzy
Pont-de-Meuse
Floing
Frénois
Bazeilles
Pourru
Messincourt
Parc
Villers
Baroncourt
Chevrières
Donzy
Thenay
Beevilly
Sachy
Matton
Sapogne
Noyers
La Croix
Tétaigne
Osnes
Chehéry
Angecourt
Mairry
XIIe Corps
Amblimont
Bassins
Eailly
Osnes
CARIGNAN
Bulson
Villers
Antrecourt
Vaux
Sailly
Blagny
Linny
VENDRESSE
Chémery
Raucourt
VIIe Corps Bav.
MOUZON
Ves Corps

E. DENTU, Edr, Paris.

www.ingramcontent.com/pod-product-compliance
Lightning Source LLC
Chambersburg PA
CBHW052054090426

42739CB00010B/2174

* 9 7 8 2 0 1 3 7 0 9 0 9 5 *